UTB 2070

Eine Arbeitsgemeinschaft der Verlage

Wilhelm Fink Verlag München
Facultas Wien
A. Francke Verlag Tübingen und Basel
Paul Haupt Verlag Bern · Stuttgart · Wien
Hüthig Fachverlage Heidelberg
Verlag Leske + Budrich GmbH Opladen
Lucius & Lucius Verlagsgesellschaft Stuttgart
Mohr Siebeck Tübingen
Quelle & Meyer Verlag Wiesbaden
Ernst Reinhardt Verlag München und Basel
Schäffer-Poeschel Verlag Stuttgart
Ferdinand Schöningh Verlag Paderborn · München · Wien · Zürich
Eugen Ulmer Verlag Stuttgart
Vandenhoeck & Ruprecht in Göttingen und Zürich
WUV Wien

Edward R. Haymes

Das Nibelungenlied

Geschichte und Interpretation

Wilhelm Fink Verlag · München

Die Deutsche Bibliothek – CIP-Einheitsaufnahme

Haymes, Edward:
Das Nibelungenlied: Geschichte und Interpretation / Edward R.
Haymes. – München: Fink, 1999
  (UTB für Wissenschaft: Uni-Taschenbücher: 2070)
  ISBN 3-8252-2070-2 (UTB)
  ISBN 3-7705-3357-7 (Fink)

© 1999 Wilhelm Fink Verlag GmbH & Co. KG
Ohmstraße 5, 80802 München
ISBN 3-7705-3357-7

Das Werk einschließlich aller seiner Teile ist urheberrechtlich geschützt.
Jede Verwertung außerhalb der engen Grenzen des Urheberrechtsgesetzes ist
ohne Zustimmung des Verlages unzulässig und strafbar. Das gilt insbesondere
für Vervielfältigungen, Übersetzungen, Mikroverfilmungen und die Einspeicherung und Verarbeitung in elektronischen Systemen.

Printed in Germany
Einbandgestaltung: Alfred Krugmann, Freiberg am Neckar
Herstellung: Ferdinand Schöningh GmbH, Paderborn

UTB-Bestellnummer: ISBN 3-8252-2070-2

INHALT

Vorwort 7

1. Die Literatur des Mittelalters
   und der Leser der Gegenwart 9
2. Der Horizont sozialer und politischer
   Geschichte 19
3. Mündlichkeit und Schriftlichkeit im
   Mittelalter 35
4. Zur Gattungsfrage des *Nibelungenliedes* 53
5. Sîvrit und seine literarischen Vorbilder 65
6. Der Burgundenuntergang 91
7. Hagen und die heroische Tradition 99
8. Kriemhilt 117
9. Sein und Schein 125
10. Alternative zum Heldentum 139

Anmerkungen 157
Anhang 167
   1. Handschriften und Fassungen 167
   2. Hauptfragen der Nibelungenforschung 170

Auswahlbibliographie 177
Personenregister 189

VORWORT

Der vorliegende Band ist ein Versuch, das *Nibelungenlied* in seinem spezifischen historischen und literarischen Horizont darzustellen. Die Betonung der literarischen und geschichtlichen Umwelt unseres Epos geschieht nicht, um Aufmerksamkeit weg vom literarischen Kunstwerk zu lenken, sondern um näher an den Text heranzukommen, um die auch mit der historischen Außenwelt verbundene Sprache besser zu verstehen. Das einleitende Kapitel begründet die Notwendigkeit einer solchen Untersuchung als Voraussetzung einer historisch informierten Lektüre.

Die theoretische Grundlage dieses Bandes kombiniert Erkenntnisse von mehreren theoretischen Richtungen der letzten paar Jahrzehnte. Wohl an erster Stelle steht die Rezeptionsästhetik, die man am stärksten mit dem Namen Hans Robert Jauß verbindet. Jauß hat die Auseinandersetzung mit Literaturgeschichte auf mehreren Ebenen belebt. Für die folgenden Ausführungen ist die aus seinen Schriften gewonnene Vorstellung eines Erwartungshorizonts von zentraler Bedeutung. Man sollte aber hier keinesfalls eine rein "Jauß-ische" Arbeitsweise erwarten. Ich habe ebenso wichtige Impulse von Jonathan Culler, E.D. Hirsch, Claudio Guillén, und vielen anderen erhalten.

Die Beschäftigung mit den Erwartungshorizonten des Epos hat dazu geführt, daß dieses Buch eine Einführung in die gesellschaftlichen, politischen und literarischen Hintergründe um 1200 bieten muß. Damit ist auch ein Anreiz für denjenigen gegeben, der sich allgemein über das *Nibelungenlied* und seine Welt informieren will. So erfüllt dieses Buch einen doppelten Zweck: Einerseits bringt es neue Einsichten in ein Hauptwerk mittelalterlicher Literatur und andererseits kann es als Einstieg für den interessierten Leser dienen, der sich in die Epoche und ihre Literatur "einlesen" will.

Um den Lesefluß des Buches zu verbessern, habe ich Fußnoten weitgehend aus dem laufenden Text verbannt. Die notwendige Dokumentation findet der Leser in einem gesonderten Anmerkungsteil am Ende des Buches. Die dort vermerkten und im laufenden Text stehenden Autorennamen beziehen sich auf die Auswahlbibliographie. Als Anhang habe ich eine knappe Darstellung der Geschichte der *Nibelungenlied*-Forschung neben einer Beschreibung der wichtigsten Züge der handschriftlichen Überlieferung zugefügt. Eine vollständige Darstellung der Nibelungenforschung darf jedoch nicht erwartet werden. Diesen Zweck erfüllt der Metzler Band von Werner Hoffmann sowie die dort angeführten Forschungsberichte aus der Vergangenheit.

Viele Freunde und Kollegen haben zur Entwicklung dieses Bandes beigetragen. Ich möchte allen danken, aber folgende Namen dürfen auf keinen Fall vergessen werden: Franz Bäuml, Siegfried Beyschlag, Karl Bosl, Horst Brunner, Lyndel Butler, Wolfgang Dinkelacker, Francis Gentry, Walter Haug, Karl Heinz Ihlenburg, Johannes Janota, Albert Lord, Kenneth Northcott, Frank Ryder, Stephanie Cain Van D'Elden, Ray Wakefield, Hort Wenzel und Ute Winston. Winifried Haymes, Heike Robinson und Irmela Hilbig haben das Manuskript gelesen und mich auf zahlreiche Schönheitsfehler aufmerksam gemacht.

Das vorliegende Buch ist eine gründliche Überarbeitung der englischsprachigen Ausgabe (*The Nibelungenlied: History and Interpretation*, Champagne/Urbana, 1986). Ich habe die große Menge der inzwischen erschienenen Forschungsliteratur nur dort berücksichtigt, wo sie meine Kernthesen berührt. Die Auswahlbibliographie bleibt nach wie vor eine Liste von Werken, die hier zitiert werden, und keine umfassende Bibliographie zur Forschung über das Nibelungenlied.

Cleveland Heights, Ohio   Mai 1998

Kapitel 1

DIE LITERATUR DES MITTELALTERS UND DER LESER DER GEGENWART

Kunstgattungen besitzen verschiedene Grade von Gegenständlichkeit. Die plastischen und bildenden Künste schaffen Objekte, die man betrachten, fotografieren, und messen kann. Literatur jedoch ist durch mindestens zwei Schichten der Vermittlung von ihrem "Gegenstand" entfernt. Erstens besteht Literatur aus Millionen von an sich bedeutungslosen Zeichen, meistens auf Papier. Diese Zeichen erhalten erst dann eine Bedeutung, wenn ein Leser hinzukommt, der die Kompetenz besitzt, diese Art von Zeichen zu entziffern. Als Buchstaben besitzen sie jedoch noch keine eigene Bedeutung. Diese gewinnen sie erst als Sprache, die ebenfalls ein System von Zeichen ist, das zwischen dem Sprecher/Hörer bzw. Schreiber/Leser und der gegenständlichen Welt steht. Erst ein kompetenter Leser kann aus den Kritzeleien auf dem Papier einen Text herstellen. Das Wort *Text* ist mit *Textilie* verwandt und bedeutet unter anderem das Gewebe von Bedeutungen, das durch die sprachliche Zusammenstellung vermittelt wird.

Der heutige Leser erlebt ein Literaturwerk des Mittelalters als Text, als geschlossenes Gefüge von Wörtern, Sätzen, Versen, usw. Der Leser des *Nibelungenliedes* erfährt normalerweise in der Einleitung zur Ausgabe, daß der vorliegende Text einer von drei Hauptredaktionen zugrundeliegt, aber die Ausgabe bleibt ein Text, vergleichbar mit modernen Erzähltexten. Die werkimmanente Kritik, die auch in der Nibelungeninterpretation eine wichtige Rolle gespielt hat, unterstützt diesen Eindruck, indem sie uns lehrt, einen Text als geschlossenes Ganzes zu verstehen und ihn nur aus sich selbst heraus zu interpretieren. Eine solche Textbetrachtung setzt voraus, daß der Verfasser des Textes und der Leser einen Lebenshorizont teilen, der in den wesentlichen Punkten übereinstimmt. Jeder Leser weiß, daß dies eine schwer zu erfüllende Voraussetzung für den modernen Text und eine geradezu absurde für den mittelalterlichen Text bildet. Schon die sprachlichen Unterschiede zwischen dem Mittelhochdeutschen des Nibelungenepos und dem heutigen Deutsch des Lesers machen ein unmittelbares Verstehen der alten Dichtung schwer und an manchen Stellen unmöglich.

Der Linguist spricht gern von der Enkodierung eines Textes und wir, als zeitlich weit entfernte Rezipienten der im Text enkodierten Botschaft, müssen uns mit allen noch verfügbaren Aspekten des literarischen Kodes um 1200 beschäftigen, bevor wir anfangen können, das Literaturwerk annähernd im Sinne seiner Zeit zu verstehen. Manche Rätsel der literarischen Kommunikation des Mittelalters werden uns verborgen bleiben, da die Schlüssel zum Kode einfach nicht mehr existieren. Wir werden uns an manchen Stellen mit Hypothesen begnügen müssen, aber eine Betrachtung des *Nibelungenliedes* muß mit dem Versuch beginnen, das Werk im literarischen und geschichtlichen Horizont der Epoche um 1200 zu verstehen.

Fangen wir mit dem Text an. Wie wir oben angedeutet haben, besteht ein Text aus geformten Tintenklecksen auf Papier. Der Rezipient eines Textes kann erst dann einen Text aus diesen Klecksen machen, wenn er die Sprache des Textes und deren Darstellung in Schriftzeichen beherrscht. Sprache ist aber kein geschlossenes System sondern ebenfalls ein Kode, der Gegenstände, Taten, Zustände und viele andere Eigenschaften der "wirklichen Welt" darstellt. Es besteht kein notwendiges Verhältnis zwischen dem physischen Objekt und dessen sprachlicher Darstellung. Nur eine Konvention, eine Übereinkunft zwischen dem Sprecher und dem Hörer erlaubt es, einen bellenden Vierbeiner mit dem Wort "Hund" zu bezeichnen. Dieses einfache Beispiel wird sehr schnell kompliziert, wenn wir die Abgrenzung gegen "Wolf", "Dingo", oder

"Coyote", bzw. die Unterteilung des Begriffs in verschiedene Hunderassen berücksichtigen. Diese Begriffe beinhalten viel kulturelles Wissen, das Kommunikation unter Hundeliebhabern ermöglicht. Wenn man bedenkt, wie komplex die Frage nach der Bedeutung von dem einfachen neuhochdeutschen Wort "Hund" werden kann, wird offensichtlich, welche Schwierigkeiten bestehen, einen literarischen Text aus der Vergangenheit überhaupt als menschliche Kommunkation zu verstehen.

Schon auf der rein sprachlichen Ebene tauchen Hindernisse auf. Wegen der Beliebigkeit der sprachlichen Zeichen ist die Kommunikation mit Sprache ein komplexer Vorgang, der einen gemeinsamen sprachlichen Nenner voraussetzt. Ich kann ein Gespräch mit einem, der Deutsch spricht, mühelos führen, aber wenn der Gesprächspartner nur Tschechisch spricht, fällt die Kommunikation auf eine vorsprachliche Ebene zurück, wo nur der rudimentärste Austausch möglich ist. Zwischen diesen beiden Extremen liegen Verständnisschwierigkeiten unterschiedlichen Grades. Sprecher verschiedener deutscher Dialekte können sich meistens mit Geduld und Nachsicht verständigen, obwohl bestimmte Nuancen der Kommunikation dabei verloren gehen. Allerdings kann man hier eine weitgehende kulturelle Übereinstimmung erwarten, wenn man von regional betonten Sachgebieten (z. B. Seefahrt im Norden, Bergsteigen im Süden) absieht.

Wir stehen ähnlichen Schwierigkeiten gegenüber, wenn wir versuchen, mittelalterliche Texte zu lesen. Das Mittelhochdeutsche kann man als einen Dialekt des Neuhochdeutschen verstehen. Hier sehen manche Wörter sehr vertraut aus, aber fast kein Wort ist unverändert durch die Jahrhunderte gekommen. Traditionelle Einführungen ins Mittelhochdeutsche betonen diese Unterschiede und einige lehnen praktisch jede Übersetzung eines mittelhochdeutschen Wortes mit seinem neuhochdeutschen Nachkommen ab. M. E. kann man das Mittelhochdeutsche am besten verstehen, wenn man die kulturell bedingte Alterität der Sprache in das eigene Sprachvermögen einbaut und nicht einfach verzweifelt nach anderen Wörtern sucht, die dem mittelhochdeutschen Inhalt vermutlich näher kommen. Wir kennen die Schwierigkeiten, die zwischen Dialekten auftauchen. Obwohl sie aus dem gleichen Etymon stammen, kann man nicht einfach "Dirne" im Norden mit "Dirndl" im Süden gleichsetzen. Man muß auch die Feinheiten der mittelhochdeutschen Sprache berücksichtigen. Um ein Beispiel aus der Prologstrophe zum *Nibelungenlied* zu nehmen: Das Wort "arebeit" ist zwar "dasselbe Wort" wie neuhochdeutsch "Arbeit," aber es bedeutet im Mittelhochdeutschen viel eher "Mühe, Not, Bedrängnis," was etwas über die Einstellung der Deutschsprachigen der Zwischenzeit zur Arbeit aussagen könnte.

Kulturelle Inhalte beschränken sich aber selbstverständlich nicht auf einzelne Wörter. Ganze gesellschaftliche Erwartungskomplexe sind uns fremd geworden oder gänzlich verlorengegangen. Wenn z.B. Sîvrit Gunther bei der Ankunft in Isenstein den Steigbügel hält, dann ist dies weder eine einfache Hilfeleistung noch eine übertriebene Höflichkeit, sondern die öffentliche Vorführung einer politisch-gesellschaftlichen Abhängigkeit. Mit diesem Zeichen lügt Sîvrit vielleicht noch klarer als etwas später, wenn er mit Worten behauptet, Gunthers Vasall zu sein. Um mittelalterliche Erzählliteratur verstehen zu können, müssen wir genau diese Unterschiede in Kultur und Verhalten in unseren Verstehensprozeß einbauen. Diese Notwendigkeit hat dazu geführt, daß die Beschäftigung mit mittelalterlicher Literatur immer stärker mit kulturgeschichtlichen Studien einherging als etwa die mit der Literatur der Goethezeit. Diese Studien liefen immer Gefahr, ins rein Positivistische auszuarten, wo die Literatur durch außerliterarische und außersprachliche Fakten "erklärt" wurde. Literatur ist aber kein mechanischer Vorgang, bei dem bestimmte Anstöße zwangsläufig zu bestimmten Ergebnissen führen müssen wie bei der Newtonschen Physik. Sie ist das Resultat einer geistigen Beschäftigung mit den Ausdrucksmöglichkeiten der betreffenden Epoche.

Eine Betrachtung der Literatur als historisch bedingte Kommunikation gibt uns eine Möglichkeit, die sprachliche, literarische, und gesellschaftliche Umwelt des Literaturwerks einzubeziehen. Historische Fakten können kein Literaturwerk erklären, aber sie liefern uns Auskunft über den Kontext und die Kodes, die für die damalige literarische Kommunikation notwendig waren. Wir müssen danach streben, den ganzen literarischen Betrieb mit ihrer produktions- und rezeptionsbedingenden Umwelt wahrzunehmen. Dies ist der Sinn der Rezeptionsästhetik, die Hans Robert Jauß in seinem einflußreichen Aufsatz "Literaturgeschichte als Provokation der Literaturwissenschaft" skizziert hat. Jauß unterscheidet drei Gesichtspunkte, aus deren Perspektive man das literarische Kunstwerk betrachten kann. Erstens können wir die Mittel und Bedingungen literarischer Produktion betrachten. Diese Betrachtungsweise wird von jenen Marxisten bevorzugt, die Literatur als Produkt der sozialen und wirtschaftlichen Kräfte darstellen. Zweitens kann man sich mit Form und Inhalt des Werks selbst beschäftigen wie in der werkimmanenten Interpretation der Nachkriegsjahre. Drittens kann man die Rezeption und Wirkung des Werks in der Geschichte untersuchen. Jauß sieht in dieser dritten Betrachtungsweise einen Ausweg aus den Aporien der Produktionsgeschichte und der formalen Analyse sowie eine Vervollständigung der methodischen Trias Produktion-Form-Rezeption. Zweifellos hat Jauß recht, wenn er die Wichtigkeit der Rezeptionsbetrachtung als Bestandteil der Literaturwissenschaft betont, aber m.E. ist es wichtig, daß man ständig alle drei Ebenen im Blick behalten muß, da sie sich gegenseitig bedingen. Der Autor schreibt immer für einen imaginierten Leser, auch wenn er nur für sich selbst schreibt. Das Publikum eines Werks kann erst mit einer sinnvollen Interpretation beginnen, wenn man eine sinngebende Intelligenz hinter dem Text annehmen kann. Beide Enden der literarischen Kette beschäftigen sich mit der formalen und ästhetischen Struktur, auch wenn man nicht ausdrücklich davon spricht. Daraus folgt, daß Literatur nur dann zu begreifen ist, wenn man Produktion, Form und Rezeption zusammen berücksichtigt.

Das Hauptwerkzeug einer auf Jauß basierenden geschichtlichen Literaturwissenschaft ist der Begriff des *Erwartungshorizonts*. Dieser Begriff bezeichnet sowohl den erwarteten Horizont, in den der Autor sein Werk hineinprojiziert, als auch den Horizont der Erwartungen, die der Leser dem Werk entgegenbringt. Beide Blickrichtungen bedingen einander, da die Vorstellung des Autors von der zu erwartenden Rezeption bei der Gestaltung des Werkes und die Erwartungen des Publikums über die Intentionen des Autors in der tatsächlich ablaufenden Rezeption eine Rolle spielen. Jauß schreibt:

> Denn die spezifische Disposition für ein bestimmtes Werk, mit der ein Autor bei seinem Publikum rechnet, kann [...] auch aus drei allgemein voraussetzbaren Faktoren gewonnen werden: erstens aus bekannten Normen oder der immanenten Poetik der Gattung, zweitens aus den impliziten Beziehungen zu bekannten Werken der literarhistorischen Umgebung und drittens aus dem Gegensatz von Fiktion und Wirklichkeit[...] Der dritte Faktor schließt ein, daß der Leser ein neues Werk sowohl im engeren Horizont seiner literarischen Erwartung als auch im weiteren Horizont seiner Lebenserfahrung wahrnehmen kann. (Jauß, Literaturgeschichte, S.177)

Diese Faktoren wurden selbstverständlich auch von positivistisch gerichteten Literaturhistorikern der Vergangenheit untersucht, aber praktisch immer mit dem Auge auf einen kausalen Zusammenhang zwischen dem Faktor und dem Literaturwerk. Der Horizontbegriff erlaubt uns, literatur- und sozialgeschichtliche Fakten, die für die Welt des Autors und seiner Rezipienten wichtig waren, die aber auf das vorhandene literarische Werk keinen spezifisch nachweisbaren Einfluß ausgeübt haben, mit in den Verstehensprozeß einzubauen. Die Aufgabe einer so verstandenen Rezeptionsästhetik ist die Herstellung einer kommunikativen Brücke zwischen dem geschichtlichen Horizont des Literaturwerks und unserem eigenen. Diese Verbindung zwischen literarischen Horizonten ist das Ziel der Literaturwissenschaft überhaupt. Damit ist die Aufgabe dieses Bandes formuliert, nämlich als Vermittler zwischen den Horizonten der Gegenwart und des Hochmittelalters zu fungieren. Die historischen Daten, die hier erwähnt werden, sollen es dem modernen Leser ermöglichen, leichter und vollständiger in die fiktive Welt des *Nibelungenliedes* einzutauchen.

Es ist charakteristisch für erzählende Literatur, daß sie solche fiktive Welten für den Leser schafft. Die Rezeption eines Kunstwerks setzt den Eintritt in diese Welt voraus. Dieser Vorgang ist mit dem Zustand eines in seinem Spiel vertieften Spielers verglichen worden. Der Philosoph Hans Georg Gadamer verwendet diese Metapher, um die Horizontenverschmelzung zu beschreiben, die bei jedem echten Verstehen stattfindet. Der Schachspieler, der in sein Spiel vertieft ist, rekonstruiert das Spiel nicht, er lebt es. Er folgt nicht einmal "bewußt" den Spielregeln, sondern er geht vollkommen im Spiel auf. Damit ist sein Horizont mit dem des Spiels verschmolzen. Der aktive Rezipient eines Erzählwerks spielt ein ähnliches Spiel.

Gadamer weist darauf hin, daß diese Horizontenverschmelzung keineswegs eine Aufgabe des eigenen Horizonts bedeutet. Ein Text kann nur von einem Standpunkt innerhalb des historischen Horizonts des Lesers verstanden werden. Diese dialektische Kollision von Horizonten zwischen Text und Rezipient ist der Ort, an dem das Verstehen eines Literaturwerks stattfindet, wenn überhaupt. Der Horizont des Rezipienten weitet sich, um etwas vom Horizont des Textes in sich aufzunehmen. Diese Bereicherung des Rezipienten ist besonders wertvoll, wenn die Verstehensstrukturen oder "Vorurteile" (Gadamer) des Rezipienten herausgefordert werden. Die Alterität, d. h. das "Anders-sein", des Textes fordert den Rezipienten auf, die eigenen "Vorurteile" zu überprüfen. Gadamer gebraucht übrigens das Wort "Vorurteil" ohne abwertenden Sinn. Damit meint er einfach die bestehenden Urteile, die

Strukturen der Erfahrung, die für jedes Verstehen notwendig sind. Jede neue Erfahrung wird mit dem vorher Erfahrenen verglichen. Das Verstehen ist somit ein Produkt unserer Erfahrung, unserer Umwelt, d.h. unserer Historizität. Gadamer sieht richtig, daß keiner die eigene Historizität verlassen kann, um in die eines anderen zu schlüpfen. Verstehen kann nur durch eine Konfrontation unserer Vorurteile mit der Alterität des historischen Textes stattfinden.

Jauß hat gewisse Aspekte dieser Vorstellung von Konfrontation in sein Lob der "Alterität" mittelalterlicher Literatur eingebaut. Der Gewinn für den modernen Leser besteht in der produktiven Auseinandersetzung mit der Alterität der mittelalterlichen Welt, bzw. der fiktiven Welt des Epos. Während Gadamer die Möglichkeit eines Ausbruchs aus der eigenen Historizität verneint, gibt Jauß uns einen Ansatzpunkt für unser Wissen über die historische Vergangenheit, der zu einer ergiebigen "Kollision" zwischen dem eigenen Horizont und dem des mittelalterlichen Textes führen kann.

In den Schriften von Jauß und Gadamer ist "Horizont" eine Metapher für die Welt der Erlebnisse und Fantasie des Einzelnen. Niemand kann aus seinem eigenen persönlichen Horizont ausbrechen. Der Eingang in den fremden Horizont eines Literaturwerks mit Aufgabe des eigenen Horizonts, wie die traditionelle Hermeneutik ihn dargestellt hat, ist eine Illusion, da die Welt, die man aus einem Literaturwerk aufbaut, aus den Elementen des eigenen, historisch bedingten Horizonts aufgebaut wird. Der historische Horizont des Einzelnen bewegt sich mit dem Subjekt im Mittelpunkt, genau wie der wirkliche sichtbare Horizont sich mit dem Sehenden weiter bewegt. Man könnte weitere Aussichten gewinnen, indem man auf eine höhere Warte hinaufsteigt, bzw. hinzulernt, aber diese Aussichten nimmt man immer vom eigenen Standort aus wahr, nicht vom Standort des Autors. Der Horizont des Werkes wird zu einem Teil des eigenen durch eine Art Horizontenverschmelzung, aber der neue Horizont kann nur vom Standort des alten wahrgenommen werden, d.h. mittels der "Vorurteile" der eigenen Erfahrungswelt.

Der Zweck dieses Bandes ist also eine Vermittlung zwischen dem historischen Horizont des modernen Lesers und dem Erwartungshorizont, den das *Nibelungenlied* impliziert. Die einleitenden Kapitel behandeln die Bestandteile des Erwartungshorizonts, wie Jauß sie beschrieben hat. Da die soziale und politische Geschichte der Epoche eine Rolle bei der Gestaltung der Literaturgeschichte spielt, werde ich diese Aspekte im nächsten Kapitel behandeln. Dort werde ich die Hauptzüge eines historischen Erwartungshorizonts skizzieren, dem ein Literaturwerk der Aristokratie um 1200 begegnete. Der Horizontbegriff erlaubt es mir, Züge der sozialen und politischen Geschichte darzustellen, die für das Publikum des *Nibelungenliedes* wichtig waren, ohne auf strenge Kausalität achten zu müssen. Wenn ich z.B. eine Parallele zwischen der Entscheidungsschwäche Gunthers und der des historischen Stauferkönigs Philip von Schwaben ziehe, darf nicht gefolgert werden, daß das Epos einfach als Darstellung der politischen Probleme der Staufer gelten kann. Eine solche Interpretation reduziert das Gedicht zum vergänglichen politischen Kommentar, was eine unerträgliche Einschränkung der Bedeutung des Epos bedeuten würde, wie die reiche Rezeptionsgeschichte vom dreizehnten Jahrhundert bis heute zeigt. Aber das Wissen von möglichen Beziehungen zwischen der fiktiven Welt des Epos und der historischen Umwelt kann unseren Horizont nur erweitern und unser Erlebnis der Dichtung bereichern. Aus diesem Grund wird der Leser mehr Details im Kapitel über die politischen Hintergründe finden, als in der Interpretation des Epos selbst erwähnt werden. Ich hoffe, der Leser wird dieses Material gebrauchen, um eine eigene Horizontenerweiterung anzustreben, die einzelne Züge des Epos verständlich machen kann.

Wenn wir die Welt des *Nibelungenliedes* als fiktive Welt innerhalb der geschichtlichen Welt um 1200 wahrnehmen, dann können wir eine enggefaßte thematische Interpretation umgehen. Es gibt Versuche, das *Nibelungenlied* als Tragödie Kriemhilts, als Gegensatz zwischen höfischen und heroischen Werten, oder als Essay über mittelalterliche Königspolitik darzustellen. Obwohl alle diese Elemente (und weitere) im Epos vorhanden sind, kann keines davon das ganze Epos umfassen. Gegen jedes dieser "Themen" als "Hauptthema des *Nibelungenliedes*" können gravierende Einwände gefunden werden. Das Epos ist einfach größer als seine Interpreten, was man von jedem großen Kunstwerk (und von der Interpretation in diesem Band) sagen könnte. Die Interpretation eines solchen Werks ist eine nie endende Aufgabe. Wir können aber erst mit dieser Aufgabe anfangen, wenn wir so viel wie nur möglich von dem historischen Erwartungshorizont in unseren eigenen kritischen Apparat eingebaut haben. So können wir die besonderen Betonungen, die der Autor seinem Material gibt, eher wahrnehmen. Die Haltung des Autors gegenüber der Gattungsgeschichte und der Nibelungenüberlieferung wird damit sichtbar. Durch diese Arbeitsweise können weitere "Themen" im Epos erkannt werden. Wenn wir eine enggefaßte thematische Interpretation des Epos ablehnen, bedeutet dies nicht, daß wir keine "Themen" im Epos erkennen können, sondern daß wir bereit sein müssen, ganze Themenkomplexe wahrzunehmen, solange wir nicht in Versuchung geraten, eines davon als "das" Thema des *Nibelungenliedes* herauszukristallisieren.

Kapitel 2

DER HORIZONT SOZIALER UND POLITISCHER GESCHICHTE

Die Blütezeit der mittelhochdeutschen Literatur fällt fast genau mit der Regierungszeit der staufischen Dynastie zusammen. Unser Überblick über die geschichtlichen Ereignisse beginnt etwa ein halbes Jahrhundert vor der Niederschrift des überlieferten *Nibelungenliedes,* und zwar bei der Wahl Friedrichs von Schwaben zum deutschen König im März des Jahres 1152 in Frankfurt am Main. Friedrich I Barbarossa wurde als Kompromißkandidat gewählt. Die beiden rivalisierenden Parteien der Staufer und Welfen hatten die deutsche Königspolitik seit Jahrzehnten bestimmt, und Friedrich hatte verwandtschaftliche Verbindungen mit beiden.

Der Zankapfel zur Zeit der Wahl Friedrichs war die Vergabe Bayerns. Friedrichs Onkel, König Konrad III, hatte Bayern an den Babenberger Heinrich Jasomirgott vergeben, während der Sachsenherzog Heinrich der Löwe aus der Dynastie der Welfen sein Erbrecht darauf geltend machen wollte. Eine Kompromißlösung kam vier Jahre später zustande, als der Löwe Bayern erhielt, die Ostmark aber abgetrennt wurde und als Herzogtum für den Babenberger mit besonderen Privilegien ausgestattet wurde. Damit diese Lösung vom neuen Herzog von Österreich akzeptiert werden würde, räumte ihm Friedrich eine Reihe von Konzessionen ein, die (festgelegt im privilegium minus vom 17.9.1156) gewissermaßen das erste Territorialherzogtum im deutschen Reich geschaffen haben. Heinrich Jasomirgott und seine Gattin erhielten das Lehen zusammen und durften es sowohl in der weiblichen als auch in der männlichen Linie vererben. Im Falle der Kinderlosigkeit besaß der Herzog das Recht, selbst seinen Nachfolger zu wählen. Alle Gerichte innnerhalb der Grenzen des Herzogtums benötigten die Zustimmung des Herzogs. Dieser mußte nur an Reichstagen teilnehmen, die im angrenzenden Bayern abgehalten wurden und mußte militärisches *auxilium* nur dann leisten, wenn es sich um Gebiete handelte, die direkt an Österreich grenzten. Mit einem Schlag besaß Heinrich Jasomirgott die Territorialgewalt, die das unerreichte Ziel der Innenpolitik der übrigen Fürsten bis nach dem Ende des 12. Jahrhunderts bleiben würde. Diese Lösung reduzierte auch für Barbarossa die gewaltigen Länder der Welfen im Herzen des Reichs.

Barbarossa hätte vermutlich noch mehr Erfolg in seiner Deutschlandpolitik gehabt, wenn er nicht so viel Zeit und Mittel eingesetzt hätte, um die Reichsgewalt in Italien durchzusetzen. Ganz abgesehen von den Geld- und Menschenopfern, spielten Begebenheiten in Italien oft eine wichtige Rolle in der deutschen Politik. Ein Beispiel dafür ist der katastrophale Malariaausbruch im Heer bei der Belagerung von Rom im Jahre 1167. Die Erben einiger wichtiger Dynastien starben, darunter Welf VII, der Sohn von Welf VI, einem Onkel Heinrichs des Löwen. Welf VI hat seine nun erblos gewordenen Lehen seinem Neffen gegen eine hohe Summe angeboten. Der geizige Heinrich zögerte so lange, bis Welf seinen Besitz dem Kaiser zum gleichen Preis anbot. Dieser griff sofort zu, wodurch die Macht von Heinrich dem Löwen in Bayern weiter verringert wurde.

Barbarossa stand dem gleichen Problem gegenüber wie fast jeder andere deutsche Fürst. Die jahrhundertelange Entwicklung der Feudalbesitztümer innerhalb des Reichs hatte dazu geführt, daß jeder Fürst - auch der Kaiser - so gut wie keine zusammenhängenden Gebiete besaß. Eine wichtige Entwicklung der zweiten Hälfte des 12. Jahrhunderts war die Territorialisierung, die systematische Zusammenführung von nebeneinander liegenden Lehen. Der französische König hatte sein Machtzentrum in der Isle de France und konnte seine Macht allmählich ausdehnen. Der deutsche Kaiser hatte vergleichbar große Gebiete in seiner persönlichen Macht, die aber über weite Strecken verstreut zwischen den Lehngütern seiner Rivalen lagen. Die deutschen Fürsten setzten unterschiedliche politische Mittel ein, um ihre Macht zu konsolidieren. Eine beliebte Methode war die Ausübung der weltlichen Gewalt für Kirchengut. Da die Kirche keine Waffengewalt ausüben durfte, mußten die weiten Ländereien, die der Kirche gehörten, von weltlichen Fürsten geschützt werden. Mit dem Erwerb der sogenannten Vogteirechte erhielten die Fürsten die militärische Kontrolle über immer weitere Landstrecken. Eine zweite Möglichkeit der Besitzerweiterung ergab sich, wenn ein Lehensmann erblos starb. In diesem Fall fiel sein Besitz an den Oberherrn zurück. Zweifellos wurde einigen kleineren Lehnsbesitzern in die nächste Welt "verholfen", um ein wichtiges Stück Land in das Puzzle einzufügen. Es war selbstverständlich nicht oft, daß ein Naturereignis wie die Malariapest 1167 viele Lehen mit einem Schlag herrenlos machte, aber im Laufe der Jahrzehnte zwischen 1150 und 1200 verringerte sich drastisch die Zahl der hochadligen Geschlechter mit Lehen in Deutschland.

Die Großfürsten des Reichs, wie z.B. Heinrich der Löwe, waren oft erfolgreicher als ihr kaiserlicher Rivale in dem Bestreben, den eigenen Besitz zu einem zusammenhängenden Territorialstaat zu vereinigen. Der fertig gelieferte Territorialstaat der Babenberger in Österreich wurde schon erwähnt. Die Bestimmungen des privilegium minus machten die oft brutalen Methoden der übrigen Fürsten überflüssig. Im Südwesten der deutschsprachigen Welt, im Schwarzwald und am Oberrhein, hatten die Zähringer ebenfalls großen Erfolg im Zusammenfügen ihrer Besitztümer. Die Entwicklung von Territorialgewalten brachte also die wichtigsten Dynastien der Zeit in direkte Konkurrenz und oft in Konflikt miteinander. Der Kaiser war auch ein Territorialfürst und mußte mit den benachbarten Zähringern im Westen und den Welfen im Osten ebenfalls konkurrieren, auch wenn er formal gesehen ihr Feudalherr war.

Heinrich der Löwe war der wichtigste Rivale des Kaisers auf dem politischen Spielfeld der Epoche. Er bestand als Enkel Lothars III auf den Titeln, Insignien, und Privilegien der königlichen Hoheit. Das berühmte Evangeliar Heinrichs ist nur eines von vielen Symbolen der Macht, die beweisen, daß er nicht vergessen hatte, der Hauptkonkurrent für die Königswürde bei der Wahl 1152 gewesen zu sein und gern seinen Vetter auf dem Thron ersetzt hätte. Die Spannung zwischen den Staufern und den Welfen unter der Führung dieser beiden dynamischen Fürsten mußte zum offenen Kampf führen. Vielleicht war Barbarossas vergeblicher Versuch, militärisches *auxilium* von Heinrich in Chiavenna zu bekommen, der Funke, der den Konflikt zum Ausbruch brachte. Als der Kaiser seinen schismatisch gewählten Papst in Rom durchsetzen wollte, verlangte er militärische Hilfe von Heinrich. Trotz der feudalen Verpflichtung, und trotz des in zeitgenössischen Quellen berichteten Kniefalls des Kaisers vor seinem Rivalen, verweigerte Heinrich seinem Herrn das feudal geforderte *auxilium*. Es war nur eine Frage der Zeit, bis der Kaiser den säumigen Herzog vor einen Reichstag zitierte. Interessant ist in diesem Zusammenhang die Tatsache, daß Barbarossa seine feudale Oberherrschaft eingesetzt hat, um sich in einem dynastischen Kampf auf Fürstenebene zu behaupten. Viele Fürsten standen schon Heinrich feindlich gegenüber, so daß er keine Hilfe von ihnen erwarten konnte. Folglich blieb er dem Reichstag fern. Der Kaiser nutzte seine Abwesenheit und enthob ihn seines Lehensbesitzes. Es war das erste Mal, daß ein Erbfürst vom Kaiser abgesetzt wurde, und es war ein Höhepunkt in Barbarossas Unternehmen, die Kaisermacht in der deutschen Innenpolitik zu etablieren. Heinrich der Löwe mußte fliehen und seine Lehen wurden unter treue Gefolgsleute der Staufer verteilt. Westfalen fiel dem Erzbischof von Köln zu, Sachsen dem Grafen von Anhalt und Bayern dem Pfalzgrafen Otto von Wittelsbach (dessen Nachkommen bis 1918 die bayerische Krone getragen haben). Die Geschichte Ottos ist ein schönes Beispiel für politische Beförderung als Folge treuen Dienstes. Seit Jahrzehnten war Otto einer der loyalsten und kühnsten Verteidiger der kaiserlichen Interessen gewesen. Barbarossas Politik war gleichzeitig weises Kalkül und beispielhafte Belohnung dienstlicher Treue. Die Aufteilung der Lehen Heinrichs des Löwen zeigte dagegen die Territorialpolitik des Kaisers. Barbarossas Bestrebungen zielten auf die Aufteilung zu groß gewordener Territorien, um dadurch eventuelle Gefahren für die königliche und kaiserliche Macht zu verringern.

Noch wichtiger als rechtlicher Besitz war jedoch die Frage der Verwaltung. Besitzrecht allein war bedeutungslos, solange einem die militärische Macht fehlte, das Gebiet zu verwalten. Militärmacht bedeutet Besitz von Burgen und getreuen Männern. Die Geschichte des Lehnswesens seit den Karolingern war geprägt von Versuchen, das Problem der Verwaltung zu lösen. Ein Landesherr konnte zuverlässige Männer in Schlüsselstellen einsetzen, aber die Erben dieser Männer wurden zunehmend unabhängiger, je mehr ihre Rechte und Pflichten klar definiert wurden. Die Dynastien, die als *vassi* Karls des Großen begonnen hatten, sind der Altadel des hohen Mittelalters. Dieser Altadel ist im Laufe der Jahrhunderte ausgesprochen selbständig geworden. Eine Beeinflussung im Sinne ihrer Oberherren mit Hilfe des Feudalrechts war schwierig und in den meisten Fällen wirkungslos. In Frankreich und England war es den Königen gelungen, die feudale Pyramide zu beherrschen und besondere Königsmänner auf jeder Ebene zu haben. In Deutschland schlossen das Wahlkönigtum und die zentrifugalen Interessen des Adels eine solche Entwicklung weitgehend aus. Aus diesem Grund setzte der Kaiser (sowie auch andere Dynasten) unfreie Männer aus ihrem Haushalt, die ihrem Herrn *servitium* schuldeten, als Verweser an wichtigen Stellen in ihrer Territorialverwaltung ein. Es war nur eine Frage der Zeit, bis diese *ministeriales*, wie sie in den Dokumenten der Zeit hießen, ebenfalls reich und mächtig wurden. Allmählich wurden ihre Aufgaben zu Lehen, Ministeriallehen wurden den Erblehen des Altadels immer ähnlicher, und schließlich wurden die *ministeriales* zu einem neuen, niederen Adel. Diese letzte Stufe der Entwicklung ist erst nach der Niederschrift unseres *Nibelungenliedes* eingetreten und die *ministeriales*, ob gesellschaftlich hochstehend oder nicht, blieben um 1200 nach dem Gesetz unfrei. Selbst die Tatsache, daß die ambivalente Situation der *ministeriales* problematisch war, deutet auf eine kräftige gesellschaftliche Dynamik hin. Die Ministerialität wurde eine der wenigen Möglichkeiten des sozialen Aufstiegs in der stark stratifizierten Gesellschaft des Staufer-Imperiums. Die Ministerialen teilten Machtinteressen und eine aristokratische Lebensweise mit dem niederen Adel, aber ihre politische Treue galt eher dem Herrn als den Standesgenossen. Der niedere Adel suchte seinerseits eine Hochwertung der geburtsständischen Ordnung innerhalb einer festgefügten Gesellschaftsordnung. Diese unterschiedlichen Interessenssphären, der Erbadel gegen einen durch Dienst erworbenen sozialen Rang, werden in unserer Diskussion der sozialen Dimension des *Nibelungenliedes* eine große Rolle spielen.

Die Ministerialen waren auch an der Entwicklung des Hofes als Zentrum der aristokratischen Kultur beteiligt. Josef Fleckenstein schätzt, daß der gesellschaftliche Aufstieg der Ministerialen die Zahl der Mitglieder der höfischen Gesellschaft verdreifacht hat. Der Hof selbst läßt sich aber nur schwer festlegen. Ein Grund dafür ist, daß das Wort sich auf verschiedene Aspekte des aristokratischen Lebens bezieht. Ursprünglich bezeichnete es selbstverständlich den Bauernhof des Herrn. Später bezieht sich das Wort *curia* (Hof) immer mehr auf die Institutionen, die sich um große Herren entwickelten. Der Gerichtshof war ein gutes Beispiel dafür. Das Wort bezeichnete sowohl den Ort, als auch die Institution und auch noch den Personenkreis, der am Gericht eines Herrn beteiligt war. Von dieser Begriffserweiterung ist es nur ein Schritt zum Hof als Zentrum der aristokratischen Kultur. Das Wort bezeichnete im Hochmittelalter den persönlichen Aufenthalt des Herrn mit seinen Beratern, Lehnsmännern und Dienstleuten. Im Laufe des 12. Jahrhunderts wurden viele reich ausgestattete Säle gebaut, um als Ort für das höfische Leben zu dienen, und es war natürlich, daß diese Räume ebenfalls als "Hof" bezeichnet wurden. Der Ausdruck 'ze hove gân', der mehr als ein dutzendmal im *Nibelungenlied* vorkommt, bedeutet gewöhnlich, daß man vor den König geht. Der Gebrauch dieses Ausdrucks zeigt, daß der Hof sowohl eine Institution als auch ein Ort war.

Trotz seiner zentralen Rolle bleibt der Kaiserhof in den Quellen nur schwer greifbar. Der Grund dafür liegt zum Teil darin, daß der Kaiser fast ständig unterwegs war. Barbarossa ließ zwar eine große Halle in der Kaiserpfalz in Gelnhausen in den 1180er Jahren bauen, aber den Quellen nach ist er selten dort gewesen. Pfingsten 1184 feierte der Kaiser die Schwertleite seiner beiden Söhne mit einem riesigen Fest in Mainz. Berichte betonen das Aufwendige dieses Festes. In seinem Eneasroman schreibt Heinrich von Veldeke:

ich wâne alle die nû leben
deheine grôzer haben gesehen. (13234-5)

Gislebert de Mons schreibt von 20.000 Rittern unter den Teilnehmern. Für die Kirche galt dieses Fest als Inbegriff von Verschwendung und Luxus. Barbarossa versuchte diesen negativen Eindruck zu relativieren, indem er 1288 ein zweites Fest in Mainz inszenierte, eine Curia Jesu Christi, auf dem der dritte Kreuzzug verkündet wurde.

Auskunft über das höfische Leben geben zum Teil kirchliche Quellen wie Chroniken und Predigten. Stephen Jaeger hat eine beträchtliche Menge solcher Belege in seiner Studie *The Origins of Courtliness* gesammelt, in der eine antihöfische Einstellung beim Klerus belegt wird. Diese — meist sehr negativen — Darstellungen des höfischen Lebens dokumentieren eine Beschäftigung mit dem Höfischen, die bis ins elfte Jahrhundert zurückreicht. Die Feinheit des höfischen Lebens war keineswegs eine Neuigkeit der Stauferzeit. Was in den letzten Jahrzehnten des 12. Jahrhunderts neu war, war ein ritterliches

Tugendsystem, das sich in den deutschen Bearbeitungen französischer Literatur dargestellt hat. Die Romane Hartmanns von Aue und der Minnesang brachten eine neue, ethische Dimension in das Leben des deutschen Ritters. Es bleibt allerdings eine offene Frage, wieweit diese ethischen Vorstellungen eine Entsprechung im wirklichen Leben besaßen.

Die Darstellungen des Hoflebens im *Nibelungenlied* und in den höfischen Romanen liefern das klarste Bild der hochmittelalterlichen *hövescheit*, aber diese Beschreibungen sind stark idealisiert und fiktionalisiert. Siegfrieds Schwertleite im *Nibelungenlied* könnte fast eine Darstellung des oben erwähnten Mainzer Hoffests 1184 sein. Alle Feste im *Nibelungenlied* sind ähnlich aufgebaut. Wir finden Turniere, Festmahle, feine Kleidung und eine großzügige Verteilung von Gaben an Gäste und das 'varnde diet', wie man die Spielleute, Gaukler, und andere Fahrende als Teilnehmer am Fest bezeichnete. Niemand geht mit leeren Händen aus. Sogar der tägliche Messebesuch wird mit den Elementen des Hoffestes geschildert. Alle wichtigen Ereignisse im Epos werden mit aufwendigen Festen markiert und zweimal kommt es vor, daß Feste gefeiert werden, nur um ferne Verwandte einladen zu können. Diese beiden Feste enden tragisch.

Die Romane Hartmanns von Aue geben uns einen etwas anders gestalteten Einblick in das tägliche Hofleben. *Erec* beginnt mit einer Jagd, an der die Königin und die Hofdamen teilnehmen. Die erste Szene von *Iwein* gewährt uns einen fast intimen Einblick in das Leben am Artushof: Am Nachmittag nach dem Essen beschäftigten sich die Hofleute so:

> dise sprâchen wider diu wîp,
> dise banecten den lîp,
> dise tanzten, dise sungen,
> dise liefen, dise sprungen,
> dise hôrten seitspil,
> dise schuzzen zuo dem zil,
> dise redten von seneder arbeit,
> dise von grôzer manheit. (65-72)

Diese Beschreibung fehlt übrigens in Hartmanns Quelle, dem *Ywain* des Chrétien de Troyes. Das königlich Paar begibt sich ins Bett, 'mê durch geselleschaft geleit / dan durch deheine trâkheit.' (83-84) Sechs Ritter sprechen miteinander. Die Königin kommt zu ihnen und lauscht, bis Kalogrenant sie gewahrt und aufspringt, um sie zu begrüssen. Die Geschichten, die hier erzählt werden, führen unmittelbar in das erste Abenteuer, aber die Szene ist in erster Linie Hofdarstellung um ihrer selbst willen.

Der bisherige Gebrauch der Termini in der Germanistik unterscheidet nicht zwischen überlieferter Adelskultur und dem neuen Ritterethos aus dem französischen Ritterroman und dem Minnesang. Hier gibt es nur die eine Bezeichnung *höfisch*. Die Auseinandersetzung mit dem *Nibelungenlied* zwingt uns jedoch, zwischen der herkömmlichen Hofkultur und der neuen Chevalerie klar zu unterscheiden. Die neue Ethik verbindet sich mit der Entwicklung des Wortes *Ritter* und einer dazugehörenden Dienst-Ideologie.

Die Geschichte vom Wort und Begriff *ritter* im deutschen Mittelalter ist ein wichtiges Stück Sozialgeschichte. Das Wort entstand als Übersetzung vom französischen *chevalier* und betonte ebenfalls die Rolle des Ritters als eines berittenen Kriegers. Das Wort taucht erst im Laufe des 12. Jahrhunderts in deutschen Quellen auf. Joachim Bumke hat in seinen *Studien zum Ritterbegriff* gezeigt, daß das Wort *ritter* vom Anfang an einen im Dienstverhältnis zu einem Höherstehenden bezeichnete. Das Wort erscheint häufig als Bezeichnung für die Ritterngruppen, die einen König begleitet haben. Bumkes Kritiker haben die starke Bindung zwischen dem Ritterbegriff und dem Dienstverhältnis angezweifelt, trotzdem ist unzweifelhaft, daß Dienst in irgendeiner Form die Entwicklung des Ritterbegriffs beeinflußt hat. Wenn wir hier von Dienst sprechen, meinen wir selbstverständlich nicht nur die Ministerialen, deren Rolle durch *servitium* bestimmt war, sondern fast alle Mitglieder der Feudalgesellschaft mit Ausnahme des Königs. Jeder übte eine Form von *ministerium* oder *militia* als

Mitglied der feudalen Hierarchie aus. Bumke verzeichnete eine wachsende Bereitschaft des Adels, den Ausdruck *ritter* für sich in Anspruch zu nehmen, bis nach 1180 Hartmann von Aue den Königssohn (und späteren König) Erec damit bezeichnen konnte. Wir müssen aber bedenken, daß es sich hier um den Aufstieg eines Wortes, eines Begriffs, handelt, nicht um den Aufstieg einer Gruppe von Menschen mit dem Titel *ritter*.

Warum gebrauchte der Adel dieses Wort, das immer noch etwas von der alten Bedeutung des Dienstmannes beinhaltete, als Träger seiner höchsten Ideale? Vielleicht liegt ein Teil der Antwort in der Rezeption der französischen Chevalerie. Wenn die Helden der *romans chevalresques*, die durchweg aus königlichem Geschlecht stammten, *chevalier* genannt werden können, warum nicht auch ein deutscher Graf oder Herzog?

Gert Kaiser ging einen Schritt weiter. Er sieht in der Verbreitung einer Dienst-Ideologie in den Ritterromanen einen Versuch der Ministerialen, den Dienst als ritterliche Tugend zu verherrlichen und ihn aus dem niedrigen Status des *servitium* zu erheben. Diese neue Ideologie lieferte einerseits ein Identifikationsangebot für die Ministerialen und andererseits sollte sie den Makel der niedrigen Herkunft aus der Dienstsphäre beseitigen. Konnten die Ministerialen Dienst als moralisch positiven Wert in der Gesellschaft darstellen, dann konnten sie umso leichter den gesellschaftlichen Status beanspruchen, der ihnen wegen ihrer tatsächlichen Machtstellung zustand.

Bumke meint dagegen, daß die Dienst-Ideologie nicht unbedingt von den Dienenden stammen mußte. Herren, deren Machtposition von der Treue ihrer *ministeriales* abhing, hatten auch ein Interesse daran, daß Dienst eine neue moralische und ethische Grundlage erhielt. Die Darstellung von Dienst als positivem Wert (sowie die angedeutete Möglichkeit eines sozialen Aufstiegs dadurch) diente den Oberherren als Mittel, die *ministeriales* unter Kontrolle zu halten. Solange die Ministerialen Dienst als moralisch und gesellschaftlich positiven

Wert empfanden, würden sie ihren Dienst umso eifriger und williger ausführen. Wie die früheren Feudalwerte von *homagium* und *fidelitas* kann man das Dienstideal als Versuch verstehen, einem politischen System eine moralische und ethische Struktur zu geben.

Bumkes These gewinnt dadurch an Glaubwürdigkeit, daß der Adel gegen Ende des 12. Jahrhunderts allmählich selbst die Ritterethik für sich übernommen hat. Wenn der Altadel sich selbst als Diener Gottes und der Gesellschaft darstellen konnte, war es leichter, die Ministerialen als unfrei dienende zu halten.

Es muß beachtet werden, daß die Ritter-Ideologie keineswegs bedeutete, daß alle, die sich Ritter nannten, gleich waren. Trotz der Bezeichnung der höchsten Adeligen als Ritter in der Dichtung und in gewissen Zeremonien wie der Schwertleite, entstand zu keiner Zeit eine klassenlose Gemeinschaft der Ritter. Ein König konnte sich Ritter nennen, aber er stellte sich damit nicht auf die gleiche Stufe mit dem Ministerialen. Wir müssen auch bedenken, daß die Bezeichnung *ministeriales* keinesfalls eine homogene Gruppe benannte. Der Ausdruck konnte viele verschiedene Gesellschaftschichten einschließen und bedeutete in erster Linie, daß der Träger dieser Bezeichnung Mitglied der *familia* (d.h. Haushalt) eines Herrn war. Die Kaiserministerialen Werner von Bolanden und Markwardt von Annweiler gehörten zu den mächtigsten Männern ihrer Zeit. Den Ausdruck *ministeriales* für diese beiden Herren darf man nicht so verstehen, daß kein Unterschied zwischen ihnen und dem Ministerialen bestand, der das Burgtor bewachte. Innerhalb der Reihen der Ministerialen waren viel mehr gemeine Diensttuende als große Herren. Folglich konnte die innere Solidarität der Ministerialität, die Gert Kaiser postuliert hat, kaum zustande kommen. Es stimmt wahrscheinlich, daß die sozial hochstehenden Ministerialen oft mit ihrem unfreien Status unzufrieden waren, aber die Ministerialen, die juristische Freiheit suchten, waren nicht diejenigen, die Gruppen innerhalb der Gesellschaft gebildet haben, um die Anerkennung einer Dienst-Ideologie zu fordern. Die obere Gruppe war eher daran interessiert, ihren Status als Ministeriale abzulegen, als neue Rechte für Ministeriale an sich zu erkämpfen. Die 'Gruppe' also, die unter dem Begriff *ministerialis* lief, war so heterogen, daß man kaum von einer Interessengruppe sprechen kann.

Vier Jahre nach dem Großen Pfingstfest 1184 in Mainz veranstaltete Barbarossa ein zweites Fest am gleichen Ort. Hier sollte der dritte Kreuzzug verkündet werden. Das Heer wurde aufgerufen, sich ein Jahr danach in Regensburg zu versammeln. Der Kaiser hatte vorsichtshalber seinen Sohn Heinrich krönen lassen, um die Erbfolge zu sichern. Am 10.6.1190 ertrank Friedrich Barbarossa im Fluß Saleph in Kleinasien. Heinrich VI übernahm die Macht und begann, die Kaiserkrone vom greisen Papst Cölestin III zu fordern. Ein weiteres Interesse des jungen Königs galt der Krone von Sizilien, die er durch seine Frau beanspruchte. Nach der Kaiserkrönung in Rom zog Heinrich nach Neapel, um dort seinen Anspruch militärisch durchzusetzen. Während der Belagerung der Stadt verbreitete sich Malaria im Heer, wie schon bei Heinrichs Vater vor Rom 24 Jahre vorher. Heinrich selbst erkrankte und es wurde sogar nach Deutschland berichtet, daß der Kaiser gestorben sei. Dieses Gerücht ermutigte Heinrich den Löwen, der seine Abmachung mit Barbarossa bereits gebrochen hatte, indem er nach Deutschland zurückgekehrt war. Kaiser Heinrich konnte seinen um vieles älteren Rivalen besiegen und die Bedrohung durch die Welfen bis zum Tode des Löwen 1195 verringern. Nachdem sein sizilianischer Widersacher, Tancred von Lecce, gestorben war, reiste der Kaiser erneut nach Sizilien, wo er sich endlich behaupten und seine Gattin als Regentin aufstellen konnte. Danach brachte er einen riesigen Schatz aus Sizilien nach Deutschland zurück. Wärenddessen hatte die Königin in Sizilien einen Sohn zur Welt gebracht, der den Namen der Staufer auf neue Höhen bringen sollte. Er wurde der spätere Kaiser Friedrich II, der "stupor mundi."

Heinrich versuchte nach seiner Rückkehr nach Deutschland vergebens die Fürsten dazu zu überreden, die Erbfolge für die deutsche Krone anzuerkennen. Die Fürsten weigerten sich, das Wahlrecht aufzugeben, aber sie erkannten den Säugling Friedrich als Thronfolger an. Heinrich brach erneut nach Italien auf, um am Kreuzzug teilzunehmen. Seine Malaria brach wieder aus, und er starb einunddreißigjährig im Jahre 1197. Im Jahre danach folgte der erst achtunddreißigjährige Innozenz III dem greisen Cölestin auf den Stuhl Petri. Innozenz wurde zum mächtigsten aller mittelalterlichen Päpste, und seine Politik veranlaßte Walther von der Vogelweide zum Ausruf "owê, der bâbest ist ze junc: hilf, hêrre dîner kristenheit" in seiner dritten Strophe im Reichston. In Deutschland versammelten sich die Parteien der Staufer und der Welfen zur Königswahl. Die Anhänger der Staufer trafen sich und wählten den jüngeren Bruder Heinrichs, Philip von Schwaben. Er wurde in Mainz (der falschen Stadt) mit den echten Insignien, Krone und Zepter, gekrönt. Die Welfen wählten Otto, den jüngeren Sohn Heinrichs des Löwen, und ließen ihn in Aachen (der richtigen Stadt), mit der falschen Krone krönen. Darauf folgte ein zehnjähriges Ringen um die tatsächliche Königsmacht. Otto hatte die Unterstützung des Papstes und einiger der wichtigeren Fürsten, aber Philip hatte seine Unterstützung im alten Staufer-Territorium in Schwaben, sowie in Bayern und Österreich. Philip gewann allmählich die Oberhand, bis er von einem der Wittelsbacher aus rein privaten Gründen im Jahre 1208 ermordet wurde. Daraufhin wurde Otto erneut gekrönt und regierte, bis er vom jungen Staufer Friedrich II im Jahre 1212 entmachtet wurde.

Eine wichtige Figur in der turbulenten Zeit nach dem Tode Barbarossas war der Bischof von Passau, Wolfger von Erla. Er wurde verhältnismäßig spät Kirchenmann und wurde erst am Tag vor seiner Erhebung zum Bischof im Jahre 1191 zum Priester geweiht. Neben seinen Amtsgeschäften in einer weitläufigen und störrischen Diozöse beschäftigte ihn die Reichspolitik. Er spielte eine wichtige Rolle in der Politik sowohl der

Babenberger als auch der Staufer. Immer wieder finden wir ihn auf langen Reisen mit diplomatischen Aufgaben betraut. Die Nachricht vom Tod Heinrichs VI erreichte ihn in Akkon bei der Gründung des deutschen Ordens. Während Philips Regierungszeit übernahm der Bischof die fast unmögliche Aufgabe, Interessen der Staufer vor dem Papst zu vertreten. 1204 erhob Innozenz ihn zum Patriarchen von Aquileia, wo er einer der mächtigsten Kirchenfürsten seiner Zeit war. Bis zu seinem Tod im Jahre 1218 war er immer wieder diplomatisch für die Staufer tätig.

Wolfger ist der Literaturgeschichte bekannt, weil er Walther von der Vogelweide fünf *solidi longi* für einen Pelzmantel am 12.11.1203 in Zeiselmauer (bei Wien) geschenkt und dadurch das einzige Dokument aus dem Leben des Lyrikers geschaffen hat. Er wird auch immer wieder als möglicher Gönner des Nibelungendichters in Betracht gezogen. Diese Frage wird uns weiter unten beschäftigen. Wenn Wolfger Mäzen des Nibelungendichters war, dann müssen wir auch für den Ependichter Sympathien für die Staufer annehmen.

Eines der Hauptziele der Staufer war eine regelmäßige Erbfolge für die deutsche Königskrone, die in den meisten Fällen auch die "römische" Kaiserkrone mit sich brachte. Barbarossa ließ seinen Sohn Heinrich schon 1169 krönen. Seine Versuche, ihn auch als Kaiser krönen zu lassen, scheiterten am Widerstand der Päpste. Diese argumentierten, es sei unmöglich, im Reich mehr als einen Kaiser gleichzeitig zu haben. Heinrichs Versuch, die erbliche Folge zu sichern, war eine Fortsetzung der dynastischen Bestrebungen seines Vaters, ein deutsches Erbreich zu etablieren. Die Fürsten haben dies als Angriff auf ihr Wahlrecht gewertet und lehnten ab.

Das Hauptargument für das Erbrecht war die inhärente Stabilität, die neben der Zentralisierung der Kaisermacht seit der Krönung Barbarossas im Jahre 1152 das Ziel der Staufer war. Auch die Untertanen wünschten sich eine starke Herrschaft, wie man in der berühmten Klage Walthers von der Vogelweide im Reichston hören kann:

sô wê dir, tiuschiu zunge,
wie stêt dîn ordenunge? (9, 8-9)

Walthers Lösung wäre einfach: Philip soll sich krönen lassen, um die ordentliche Erbfolge der Staufer wieder herzustellen. Der Wunsch nach Recht und Ordnung zieht sich durch viele Werke der Literatur aus der bewegten Zeit nach der Doppelwahl 1198. Das *Nibelungenlied* bietet hier keine Ausnahme.

Bischof Wulfger von Passau beschäftigte sich während seiner langen Karriere immer wieder mit diesen Fragen. Während seiner Zeit in Passau und später in Aquileia bemühte er sich ständig diplomatisch um Ordnung im Sinne der Staufer. Die Tatsache, daß er gleichzeitig mit beiden Seiten im größten Konflikt seiner Epoche verhandeln konnte, haben wir bereits erwähnt. Obwohl er seine Feinde, vor allem die Feinde seiner Bischofsmacht, brutal niederschlagen konnte, suchte er am liebsten den diplomatischen Ausweg.

In diesem Kapitel habe ich versucht, einen Überblick über die politische und gesellschaftliche Lage zur Zeit der Entstehung des *Nibelungenliedes* zu skizzieren. Man darf spezifische geschichtliche Ereignisse nicht zu starr an das Werk binden, aber wir können die gesellschaftliche und politische Sprache des Werks erst dann verstehen, wenn wir die Anliegen der Menschen nachvollziehen. Wenn wir später die machtpolitischen und sozialen Strukturen des Gedichts anschauen, kann es nützlich sein, die machtpolitischen und sozialen Fragen seiner Zeit zu bedenken. Dies war ja der gesellschaftliche Horizont, vor dem die deutsche Aristokratie des beginnenden 13. Jahrhunderts ein so politisches Gedicht wie unser *Nibelungenlied* verstehen mußte. Wenn wir diese Welt in unseren eigenen kritischen Horizont einbauen, müssen wir uns ständig bewußt sein, daß das Werk nicht als einseitiger Kommentar über bestimmte Menschen und Begebenheiten seiner Zeit gelesen werden darf. Der Zweck dieser Einführung ist es, diesen Horizont in Umrissen dem modernen Leser verfügbar zu machen und so eine "Horizontenverschmelzung," wie sie die Hermeneutik fordert, zu begünstigen.

Kapitel 3

MÜNDLICHKEIT UND SCHRIFTLICHKEIT IM MITTELALTER

Wir dürfen die Kluft zwischen unserer Welt voll geschriebener, gedruckter, xerokopierter und textverarbeiteter Schrift und der überwiegend schriftlosen Kultur des hohen Mittelalters in Deutschland nicht unterschätzen. Trotz einer hauptsächlich in der Kirche verbreiteten Schriftlichkeit können wir erst gegen Ende des Mittelalters, d.h. im 15. und 16 Jahrhundert, von einer auch unter Laien verbreiteten Schriftkultur sprechen. Die historischen Arbeiten, die sich mit dieser Frage beschäftigt haben, deuten unmißverständlich an, daß wir die gängige Einschätzung der Schriftlichkeit während der Stauferzeit abwärts revidieren müssen.

Die Schriftkultur um 1200 war hauptsächlich eine lateinische. Volkssprachliches Schrifttum machte nur einen geringen Bruchteil dessen aus, was in den Skriptorien an Büchern produziert wurde. Die Kleriker lebten in einer voll ausgebildeten lateinischen Schriftlichkeit mit ihren Werken der Geschichte, der Philosophie und sogar der Fiktion. Nicht nur die schriftliche Form, sondern auch die Sprache machten diese Welt dem Laien, auch dem Aristokraten, unzugänglich.

Die früheste Literatur in den germanischen Sprachen (abgesehen vielleicht von einigen sehr frühen Runeninschriften magischen Inhalts) entstand ebenfalls im Dienste der Kirche und der christlichen Mission. Die geistlichen Autoren in England und auf dem Kontinent bemühten sich, die in erster Linie biblischen und hagiographischen Stoffe in die Form der einheimischen (mündlichen) Epik zu bringen, um das breite Publikum möglichst unmittelbar anzusprechen. Die frühe mittelhochdeutsche Bibelepik ist eigentlich die Fortsetzung dieses Bemühens nach einer längeren Unterbrechung. Im Gegensatz zur zeitgenössischen lateinischen Erzähldichtung war die volkssprachliche Epik verhältnismäßig schlicht im Ausdruck und ohne die theologischen (und literarischen) Feinheiten, die man beim lateinischen Schrifttum erwartete. Die Autoren dieser ersten volkssprachlichen Epik waren Kleriker, die in der lateinischen Schriftlichkeit völlig heimisch geworden waren und diese fast fremd gewordene Welt ihrer Volkssprache nur deshalb betreten hatten, um die Mehrheit ihrer Gemeinde anzusprechen, die weder des Lesens noch des Lateins mächtig war.

Gegen Ende des 12. Jahrhunderts sehen wir allmählich weltliche Literatur in der Volkssprache. Diese Literatur finden wir allerdings in Prachtbüchern aus geistlichen Skriptorien, da weltliche Skriptorien erst im 15. Jahrhundert auftauchen. Die Produktion dieser Werke in der Zeit ihrer Entstehung bleibt spärlich. Wir besitzen relativ wenig Handschriften weltlicher Epik aus der ersten Hälfte des 13. Jahrhunderts, da die Herstellung solcher Handschriften sehr teuer und das Lesepublikum noch klein war.

Die mündliche Dichtung des deutschen Mittelalters ist endgültig verloren. Wir können sie nicht aus den noch vorhandenen Spuren wiederherstellen. Es ist jedoch möglich, durch einen Vergleich zwischen bestimmten überlieferten Dichtwerken und lebender mündlicher Epik unserer Zeit Züge der verlorenen Dichtung zu erkennen. Hinzu kommen allgemeine Beobachtungen über historische Gemeinschaften, in denen die Schrift nur begrenzt gebraucht wurde.

Erik Havelocks Analyse der Rolle der Dichtung im griechischen Altertum hat eine gewisse Verbreitung genossen. Er schildert die aus der homerischen Tradition stammende Dichtung in Hexametern als Hauptträger historischer und kultureller Information, als eine Art mündlicher Enzyklopädie, die von der Jugend als wichtigster Bestandteil ihrer Schulbildung auswendig gelernt wurde. Havelock stützt seine Argumente weitgehend auf Belege aus Inschriften und Sprichwörtern, die fast immer in Hexametern erscheinen. Wichtig in seiner Darstellung der frühesten griechischen Schriftlichkeit ist die Tatsache, daß die Schrift keineswegs in der obersten Schicht verbreitet war, sondern bei Kunsthandwerkern und Händlern. Die Aristokraten seien die letzten in der griechischen Gesellschaft gewesen, die das Lesen und Schreiben gelernt haben. Hier zeigen sich bestimmte Parallelen mit der hauptsächlich auf den Klerus beschränkten Schriftlichkeit des Mittelalters. Die Fähigkeit zu Schreiben und zu Lesen beginnt also nicht unbedingt bei den priviligierten Klassen.

Die Spuren der Schriftlichkeit in der Stauferzeit zeigen, daß die Aristokratie bis tief ins 13. Jahrhundert hinein weitgehend analphabetisch geblieben ist. Diese Schichten haben ihre Werte mündlich weitergegeben. Wie wir sehen werden, spielte dabei die mündliche Epik höchst wahrscheinlich eine wichtige Rolle. Wir können diese Bedeutung aber erst richtig einschätzen, wenn wir die Natur mündlicher Epik verstehen.

Unsere Kenntnis mündlicher Überlieferung und Dichtung wurde durch die Forschungen von Milman Parry und Albert B. Lord sowie von der Kontroverse, die sich aus der allzu dogmatischen Darstellung ihrer Ergebnisse entwickelt hat, ungemein bereichert. Auf der Suche nach einer Bestätigung seiner Hypothese über die homerischen Epen wandte sich Parry nach Jugoslawien, wo er eine noch lebendige mündliche Tradition vorfand. Dort sammelte er Tausende von Texten und begann mit deren Analyse, als seine Arbeit durch seinen frühen Tod im Jahre 1935 unterbrochen wurde. Seine Ergebnisse wurden von seinem Schüler Albert B. Lord ausgewertet und weitergeführt. Er veröffentlichte 1960 die klassische Darstellung der südslawischen mündlichen Epik in einem komparativen Zusammenhang mit dem Titel *The Singer of Tales* (dt. *Der Sänger erzählt*). Die wichtigste Leistung dieser Arbeit für den Komparatisten ist die Beschreibung der Erziehung, Kompositionstechnik und Erzählkunst der *Guslari*, der südslawischen epischen Sänger zur *Gusle* (einem einsaitigen Instrument, das mit dem Bogen gespielt wird). Hier möchte ich einige Aspekte dieser Abhandlung skizzieren, die für unser Verständnis mittelalterlicher Mündlichkeit relevant erscheinen.

Obwohl die Sänger immer wieder behaupten, sie würden ihre Lieder unverändert und wortgetreu wiederholen, zeigen die Tonaufnahmen, daß jede Aufführung kleinere oder größere Variationen aufweist. Sowohl Gegner als auch Befürworter der Theorie haben dieses Element der "Improvisation" oft zu stark betont, während andere weiterhin unkritisch die Behauptungen der Sänger über die wortwörtliche Wiederholung der Texte weitergegeben haben. Der wahre Sachverhalt liegt zwischen diesen beiden Extremen. Die Variation zwischen verschiedenen Aufführungen ist selbstverständlich stärker in breiter Epik als in knappen, halblyrischen Formen, aber sie findet grundsätzlich in jeder mündlichen Übertragung statt. Jack Goody hat gezeigt, daß sogar heilige Texte diese Variation aufweist. Die Tradition, d.h. die Gemeinschaft der Zuhörer, arbeitet gegen willkürliche Änderung des Inhalts, aber Gedächtnisfehler und bewußte künstlerische Gestaltung verwandeln das "Lied" in der Tradition. Die meisten Neuerungen haben wahrscheinlich nicht länger als die Karriere eines einzelnen Sängers Bestand, aber manche finden anonym ihren Weg in die Tradition hinein, und verändern diese damit. Milman Parry ließ sich (bewußt oder unbewußt) durch das Darwinsche Modell der natürlichen Auslese in der Biologie leiten, wobei lebenstüchtige Formeln und Erzählelemente überlebten und die lebensunfähigen Elemente verdrängten.

Diese allmähliche Verwandlung innerhalb einer sich an die Überlieferung klammernde Tradition bedingt den inhärenten Konservatismus der Mündlichkeit. Wegen dieses Konservatismus kann die mündliche Dichtkunst kaum zur Verwandlung der Gesellschaft beitragen. Sie bleibt in den meisten Fällen auf der Seite der bestehenden Ordnung und wird eine bedeutende Rolle in der Erhaltung der Institutionen einer schriftlosen Gemeinschaft spielen. Die mündliche Epik Jugoslawiens bewahrte die feudale Welt des 19. Jahrhunderts bis nach der

Mitte des 20 Jahrhunderts. Die sozialen Entwicklungen unseres Jahrhunderts mit einer fast universellen Verbreitung der Schrift haben in Jugoslawien zum Untergang der südslawischen mündlichen Epik geführt. Noch in den sechziger Jahren lebten vereinzelt Sänger, die die heroische Vergangenheit wieder aufleben lassen konnten, aber die Epenkunst und jene Vergangenheit sind jetzt bis auf kleine Reste verschwunden. Die gigantische Liedersammlung Milman Parrys läßt uns aber heute noch die Leistungen der südslawischen Epensänger würdigen.

Deutschland im Hochmittelalter erlebte ebenfalls einen allmählichen Übergang von mündlicher zu schriftlicher Kultur. Anfang des 13. Jahrhunderts hatte die mündliche Epik vieles von ihrer enzyklopädischen Funktion eingebüßt, aber sie blieb vermutlich ein wichtiger Träger ethischer Verhaltensnormen und sie bewahrte auf jeden Fall noch ihre Unterhaltungsfunktion. Bevor wir uns mit den sozialen und politischen Funktionen der mündlichen Epik beschäftigen, sollten wir vielleicht zunächst einmal die Funktion der Unterhaltung betrachten. Es mag vielleicht wenig pietätvoll erscheinen, eine Unterhaltungsfunktion in einem großen Kunstwerk wie dem *Nibelungenlied* zu suchen, aber die Darstellungen höfischen Lebens aus dem Mittelalter beweisen, daß *kurzewîl* ein wichtiges Ziel epischer Dichtung war.

Wie unsere heutigen Filme und Fernsehprogramme tausendfach belegen, ist es das Ziel der Unterhaltung, bestehende Werte zu erhalten. Filme, die diese angreifen oder in Frage stellen, gelten als "ernste" Filme und verfehlen meistens das Massenpublikum. Die große Popularität von Western- und Detektivfilmen belegt den Wunsch des Publikums, diese Werte bestätigt zu sehen. Beide Gattungen zeigen eine an sich heile Welt, die durch eine äußere Macht bedroht wird. Das Muster bringt am Schluß die Wiederherstellung der Ordnung durch positiv gesehene Helden. Der Western verlor in den sechziger und siebziger Jahren stark an Popularität, als die klaren Verhätnisse durch Anti-Helden und sympathische Verbrecher verzerrt wurden. Die alten Western bewahren ihre Beliebtheit zum Teil wegen ihrer unmißverständlichen Bestätigung der bestehenden Ordnung. Es ist kein Zufall, daß John Wayne, dessen Karriere sich zum größten Teil im klassischen Western abgespielt hat, in den achtziger Jahren ein Symbol für politischen und sozialen Konservatismus wurde.

Vertritt ein Kunstwerk einen Standpunkt, mit dem das Publikum sich nicht identifizieren kann, wird es das Werk ablehnen oder die Aussage des Werkes neu interpretieren. Brechts Versuch, den Kapitalismus und dessen Kriegsprofite in seinem Stück *Mutter Courage und ihre Kinder* anzuprangern, wurde vom ersten Publikum nicht akzeptiert. Stattdessen wurde das Stück als Niobe-Tragödie interpretiert. Das Publikum identifizierte sich mit der starken Frau und trauerte mit ihr um die Kinder, ohne zu begreifen, daß die Kinder von eben dem Krieg zerstört werden, der der Frau ihre Profite und Lebensweise ermöglicht. Brechts energische Ablehnung dieser Interpretation konnte sich erst viele Jahre später durchsetzen und das nur bei dem gut informierten Teil des Publikums. Der normale Theaterbesucher identifiziert sich immer noch mit Mutter Courage. Nur nachdem gesellschaftliche Werte von einer überwiegenden Mehrheit der Gesellschaft akzeptiert werden, können sie in der "Unterhaltung" dargestellt werden.

In diesem Zusammenhang muß zugegeben werden, daß neue gesellschaftliche Werte doch in Unterhaltungsliteratur propagiert werden können, aber nur, wenn das Publikum darauf vorbereitet ist. Der höfische Roman und der Minnesang des ausgehenden 12. Jahrhunderts vertraten radikal neue soziale Werte, aber sie fanden ein Publikum, das eben solche neuen Ideale gesucht hatte und daher empfänglich für diese neuen Werte war. Die enthusiastische Aufnahme dieser Werke führte dazu, daß sie schon Mitte des 13. Jahrhunderts selbst zu etablierten Werken geworden waren, gegen die nachfolgende Generationen rebellieren mußten.

Die unterhaltende Funktion der mündlichen Epik arbeitet zusammen mit dem inhärenten Konservatismus, der durch die

Überlieferungsform bedingt ist, um zu garantieren, daß sie eine wichtige Rolle bei der Erhaltung überkommener Werte spielen wird. Wenn wir versuchen, die Bedeutung der mündlichen Dichtung in der Gesellschaft des Mittelalters zu rekonstruieren, müssen wir diese konservierende Funktion stets vor Augen haben.

Mündliche Dichtung setzt die persönliche Gegenwart des Dichter/Sängers voraus. Das Publikum kann die Länge oder gar den Inhalt der Aufführung beeinflussen, und der Sänger kann die Mitglieder des Publikums persönlich ansprechen. Diese Wirkungen der persönlichen Anwesenheit sind bekanntlich Aspekte der vorliterarischen Kultur. Rechtliche und soziale Tatsachen existierten nur, insofern die Gemeinschaft daran teilhatte, was die Wichtigkeit der Festlichkeiten und Versammlungen bei allen schriftlosen Kulturen belegt. Während unserer Epoche am Ende des 12. Jahrhunderts z.B. festigte man den feudalen Bund zwischen Herrn und Vasall nicht in erster Linie durch Dokumente sondern durch den öffentlichen Akt des *homagium*. Die Dokumente kamen erst nachher und hatten eine untergeordnete Bedeutung für die Gemeinschaft. Politische und soziale Kohärenz wurde durch Feste verschiedener Art verstärkt. Das Mainzer Pfingstfest von 1184 ist ein berühmtes Beispiel. Es ist kein Zufall, daß im *Nibelungenlied* so viele Feste beschrieben werden. Diese bilden die notwendige Bestätigung der gesellschaftlichen Ordnung sowie der politischen Machtverhältnisse in einer Zeit ohne verbreitete Bücher, Zeitungen und Fernsehen. Feste waren in ihrer Funktion in mancher Hinsicht vergleichbar mit unseren Massenmedien.

Man kann sich leicht vorstellen, daß die traditionelle Heldenepik eine wichtige Rolle in der deutschen Adelsgesellschaft um die Jahrhundertwende 1200 gespielt hat. Wir sind völlig auf Indizienbeweise angewiesen, aber die literarischen Spuren solcher Epik verbinden sich mit unserem Wissen über die Rolle der Heldenepik in vorliterarischen Gemeinschaften und belegen, daß sie auch auf den deutschen Höfen des Hochmittelalters vorhanden war. Havelocks Modell vom griechischen

Altertum impliziert ebenfalls eine bedeutende Rolle für die mündliche Heldenepik als Geschichts- und Kulturträger des deutschen Adels.

Wir bewegen uns auf festerem Boden, wenn wir anfangen, die Form dieser Dichtung zu beschreiben. Betrachten wir zuerst das *Nibelungenlied*. In diesem schriftlich enstandenen Werk können wir fast alle Spuren mündlicher Form feststellen: formelhafte Sprache, stereotype Szenen und Motive, und—vielleicht am wichtigsten—traditionelle Heldenstoffe. Es ist absurd anzunehmen, daß der Nibelungendichter eine für die Mündlichkeit so typische Form erfinden würde, nur um eine andere ebenfalls typische zu ersetzen. Wir können daher annehmen, daß die mündliche Epik in Langzeilenstrophen mit Endreim vorgetragen wurde, also in einer dem *Nibelungenlied* sehr ähnlichen Strophenform. Wir finden Spuren dieser Form in der Lyrik des Kürenbergers und vielleicht sogar in dem nur lateinisch überlieferten Tanzlied aus Kölbigk aus dem 11. Jahrhundert. Der Gebrauch dieser Form in späterer Heldenepik zeigt ebenfalls ihre Verbreitung.

Neben der Form ist das wichtigste Argument für eine mündliche Heldenepik im Hochmittelalter die ungebrochene Tradition mündlicher Erzählung vom 4. bis zum 13. Jahrhundert. Hinweise in Chroniken und Literaturwerken lassen eine blasse aber noch deutliche Spur dieser Überlieferung erkennen. Wilhelm Grimms *Deutsche Heldensage* belegt die Verbreitung der Nibelungensage im ganzen germanischen Raum von der karolingischen Zeit bis ins Hochmittelalter. Die Nibelungensage wird im altenglischen *Beowulf* erwähnt sowie in der Geschichte von Knut Laward beim dänischen Historiker Saxo Grammaticus. Die ganze Geschichte findet sich in den Liedern der *Edda*, in der *Völsungasaga*, und im norwegischen *Þiðrekssaga af Bern* wieder, während die Sîvrithandlung in Snorri Sturluson's *Prosa-Edda* noch knapp erzählt wird. Die verschiedenen Fassungen weisen die Abweichungen auf, die wir aus Jahrhunderten mündlicher Tradierung erwarten würden, aber sie sind eindeutig Zeugnisse aus dem selben Sagenkomplex. Die Nibelungensage bildete einen wesentlichen Teil der Heldensage der germanischen Völker Europas.

Mit der Geschichte der Versform zeigt sich die Kontinuität der Heldendichtung in den germanischen Sprachen. Altenglische, altsächsiche, althochdeutsche und altnordische Erzähldichtung wurde in stabreimenden Langzeilen geschrieben, die relativ wenig Abweichungen in der ganzen germanischen Welt aufweisen. Die altnordische Dichtung gruppiert die Zeilen in Strophen, aber sie ist auch sonst formal die am weitesten entfernte Tradition innerhalb der germanischen Stabreimdichtung. Die Einführung des Endreims zwischen dem 8. und dem 12. Jahrhundert bleibt eines der Rätsel der deutschen Literaturgeschichte. Die früheste Spur des Endreims findet sich in der Evangelienharmonie Otfrids von Weißenburg aus der ersten Hälfte des 9. Jahrhunderts. Als deutsche Verse endlich in der zweiten Hälfte des 11. Jahrhunderts wieder aus der Schriftlosigkeit auftauchen, war der Endreim fest etabliert. Die erste deutsche weltliche Lyrik ist wahrscheinlich in den Strophen des Kürenbergers aus einer Zeit nach der Mitte des 12. Jahrhunderts überliefert. Diese Strophen sind bis auf ein unwesentliches Detail identisch mit den Strophen des *Nibelungenliedes*, und man muß annehmen, daß sie aus der epischen Tradition kommen. (Es ist selbstverständlich möglich, daß es auch eine lyrische Tradition innerhalb der Mündlichkeit gegeben hat, aber wir haben keine sicheren Indizien dafür.) Die verbreitete Gegentheorie, der Nibelungendichter habe die Strophe vom Kürenberger übernommen, grenzt an Absurdität. Die epische Formelsprache, die ja fest mit der Versform verschmolzen ist, benötigt eine lange Entwicklungszeit, und die drei bis vier Jahrzehnte, die zwischen dem Kürenberger und dem *Nibelungenlied* liegen, reichen keineswegs aus, um eine epische Sprache vom Reichtum und mit der Selbstsicherheit der Nibelungensprache auszubilden.

Spätere Heldenepik in Deutschland weist die gleiche Strophenform und Formelsprache auf, auch wenn diese Werke Vorstellungen von der heroischen "Geschichte" enthalten, die geradezu der im *Nibelungenlied* festgehaltenen zuwiderlaufen. Die Rosengartengedichte z.B. spielen in einer Zeit, in der Siegfried sich als Verlobter Kriemhilds am Hof aufhält, eine Situation, die im *Nibelungenlied* nie vorkommt. Die Beweislast liegt bei dem, der die mündliche Herkunft der Langzeilenstrophe leugnet.

Manche Forscher sind vielleicht bereit, die mündliche Herkunft der Langzeilenstrophe anzuerkennen, aber sie meinen, die mündliche Überlieferung sei in knappen, auswendig gelernten Liedern und nicht in breiteren epischen Formen geschehen. Diese Vorstellung hat ihre einflußreichste Ausprägung in den Werken Andreas Heuslers erreicht, dessen Stammbaum für das *Nibelungenlied* seit mehr als sieben Jahrzehnten fast kanonische Geltung genossen hat. Das schmale Büchlein *Lied und Epos in germanischer Sagendichtung* stellte schon 1905 seine Vorstellung von den Überlieferungsträgern der germanischen Dichtung vor. Bei Heusler ist das Lied ein knapper Heldengesang mit festem Wortlaut, während das Epos nur schriftlich existieren konnte. "Die Lieder waren schriftlos, die Epen Bücher." Die kurzen, oft enigmatischen Lieder der *Lieder-Edda* entsprachen seiner Vorstellung vom germanischen Heldenlied. Das *Nibelungenlied* war das Beispiel für das Epos. Heusler zog eine scharfe Linie zwischen den beiden Gattungen. Das Lied sei für ihn eine Spitzenleistung eines einzelnen Dichters gewesen, während spätere Sänger verpflichtet waren, die Lieder wortwörtlich weiterzugeben. Das Epos des Hochmittelalters sei nur als schriftliche Verdünnung der starken dichterischen Leistung der älteren Zeiten zu verstehen gewesen. Mündliche Überlieferung habe ausschließlich im Heldenlied stattgefunden, während das Heldenepos eine künstlerisch minderwertige "Anschwellung" des Liedstoffes dargestellt habe.

Man muß einräumen, daß die Lieder der *Edda* sich sehr stark vom Nibelungenepos unterscheiden. Diese Unterscheidung deckt sich aber nicht unbedingt mit der Grenze zwischen mündlicher und schriftlicher Entstehung. Lords Darstellung zeigt, wie eine breite Epik auch in mündlicher Form weitergegeben werden kann. Wir wissen auch, daß knappe, memorierte Lieder des *Edda*-Typus in den mündlichen Dichtungen der Welt verhältnismässig selten sind. Eine gewisse lockere Fügung und Freiheit im Wortlaut kennzeichnet die meisten mündlichen Erzählformen, die uns bekannt sind.

Heusler versuchte, seine Theorien durch die ebenfalls unbewiesene Behauptung zu stützen, daß eine weitere Trennlinie zwischen dem mündlichen Lied und dem schriftlichen Epos läuft: die Linie zwischen gesungener und gesprochener Epik. Diese Vorstellung ist auch ohne die Hilfe der Theorien Parrys und Lords längst nicht mehr haltbar. Wir haben inzwischen Langzeilenmelodien für Werke wie Wolframs *Titurel* und dessen riesige Fortsetzung von Albrecht von Scharpfenberg gefunden. So können wir uns jetzt viel leichter ein gesungenes *Nibelungenlied* vorstellen als zu Heuslers Zeit.

Der Unterschied zwischen Lied und Epos zeigt sich nicht nur in der äußerlichen Länge der Texte, sondern auch in der Dichte der Darstellung. Heusler sprach von "liedhafter Knappheit" und "epischer Breite". Wieder waren Heuslers Modelle für liedhafte Knappheit die Lieder der *Edda* und für epische Breite das *Nibelungenlied*. Er berücksichtigte jedoch nicht, daß der knappe, andeutungsvolle Stil der Eddalieder in den germanischen Sprachen außerhalb des Altnordischen kaum existiert. Heusler zitiert zwar das *Hildebrandslied* als Beispiel für das germanische Heldenlied im Althochdeutschen, aber er ignoriert die Tatsache, daß das *Hildebrandslied* der epischen Breite viel näher steht als der liedhaften Knappheit. Der Gebrauch von Variation und anderen Merkmalen einer lockeren, eher improvisierten Komposition steht dem südslavischen mündlichen Epos viel näher als dem Eddalied. Ist das *Hildebrandslied* kein knappes Lied im Heuslerschen Sinne, dann existiert das germanische Heldenlied gar nicht außerhalb des Altnordischen. Bis zur Zersetzung der Heldenstoffe in der spätmittelalterlichen Ballade gibt es kein einziges Exemplar des knappen Liedes im Sinne Heuslers im ganzen südgermanischen Raum. Das germanische Heldenlied ist ein hypothetisches Konstrukt germanistischer Theorie. Es kommt außerhalb der besonderen Verhältnisse im Altnordischen überhaupt nicht vor.

Wenn wir die Spuren der mündlichen Epik in der schriftlichen Heldenepik des Hochmittelalters sowie das Fehlen einer nachweisbaren Tradition memorierter Lieder eddischer Art berücksichtigen, dann ist es wahrscheinlicher, daß die germanische Heldensage, die ihre Verschriftlichung im 13. Jahrhundert erlebt hat, die Spanne zwischen der Völkerwanderungszeit und ihrer Literarisierung in Form breiter, im Vortrag entstehender Epen überlebt hat. Irgendwann zwischen der Niederschrift des *Hildebrandsliedes* im 9. Jh. und der des *Nibelungenliedes* im 13. Jh. verwandelte sich die Versform von der stabreimenden Langzeile zur vierzeiligen Strophe mit Endreim. Diese Verwandlung war sicher vor der Mitte des 12. Jh. abgeschlossen.

Nachdem wir fast alle Einwände gegen eine rein mündliche Entstehung des *Nibelungenliedes* widerlegt haben, erhebt sich die Frage, warum wir weiterhin von einem literarischen *Nibelungenlied* sprechen. Erstens ist das Werk schriftlich überliefert. Man kann das Gleiche von den aus Jugoslawien stammenden Liedern der Milman-Parry-Collection sagen, die inzwischen niedergeschrieben und veröffentlicht wurden, aber die Aufnahmetechnik hat dort einen fast ungestörten Vortrag ermöglicht, während auch die schnellsten Schreiber im Mittelalter den Vortrag eines Sängers mächtig gebremst haben würden. Die Frage, ob die viel langsamere Komposition, die beim Diktieren notwendig gewesen wäre, die Kunst des Sängers fördern würde oder nicht, hat man bisher nicht schlüssig beantwortet. Lord meinte, das Diktieren, das ja wesentlich langsamer ist als die normale Aufführung, würde die Qualität eines Liedes fördern, da der Sänger/Dichter mehr Zeit zum Planen und Überlegen hatte. Hier entfernt sich aber der Sänger vom rein mündlichen Vortrag in Richtung literarischer Gestaltung, auch wenn er nicht selber zur Feder greift. Der

Dichter gebraucht weiterhin die überlieferten Kompositionsmittel, aber er kann vorausplanen, Szenen gestalten und Widersprüche erkennen und beseitigen. Dies wird aber nur bei einem Sänger geschehen, der nicht nur die traditionelle Kunst beherrscht, sondern auch die Fähigkeit besitzt, die neuen Möglichkeiten der nicht mehr ganz mündlichen Komposition zu ergreifen. Der durchschnittliche Sänger würde vermutlich unter der Verlangsamung des Vortrags leiden, aus dem Konzept kommen und ein schlechteres Lied produzieren.

Es ist also theoretisch möglich, daß ein der Schrift unkundiger Nibelungendichter seinen Text durch Diktat erzeugt hat, genau wie manche Texte der Parry-Collection. Parry und Lord ließen viele Lieder diktieren, während sie andere auf Schalplatten aufnahmen. Lord konnte keinen wesentlichen Unterschied zwischen den beiden Gruppen feststellen. Die Lieder der Parry-Sammlung besitzen den höchsten Grad an "Mündlichkeit," den ein geschriebener Text erreichen kann. Die Vortragssituation geht zwar verloren, aber die Texte entfernen sich nur unwesentlich von den Texten, die in der alltäglichen Praxis der Sänger vorgetragen wurden.

Die Sammlung südslawischer Epik fing jedoch nicht erst mit Parry und Lord an. Gelehrte und Amateure sammelten schon im 19. Jh. Texte, die in teueren wissenschaftlichen Ausgaben sowie in billigen kartonierten Broschüren erschienen sind. Einige dieser Texte haben sogar Eingang in die lebendige Tradition gefunden, indem jemand einen Text einem aktiven Sänger vorgelesen hat. Das berühmteste Epos der Sammlung, das riesenhafte, 12.323 Zeilen lange Lied von der *Hochzeit des Smailagić Meho*, gesungen von Avdo Međedović, hat der Sänger aus einem gedruckten Text gelernt, der von einem schriftkundigen Nachbarn vorgelesen wurde. Die Vorlage hatte nur 2160 Zeilen. Avdo zeigte wie ein begabter Sänger durch Bereicherung der Episoden und der Detailschilderung aus einem Großlied ein mündliches Epos schaffen konnte.

Dichter, die keine aktiven Sänger waren, haben aber auch Gedichte im Stil der Guslarenlieder geschrieben und veröffentlicht. Die mündliche Epensprache lieferte ein Medium, das auch für literarische Komposition gebraucht werden konnte. Solche Nachahmer gibt es schon seit dem 18. Jh. Ich möchte hier das Leben eines dieser Dichter skizzieren, da er für mich beispielhaft für den Dichter des Mittelalters ist.

Petar Petrović Njegoš wurde vor seinem zwanzigsten Geburtstag zum Erzbischof in Montenegro berufen, einer kleinen Oase orthodoxer Christen umgeben auf allen Seiten vom Islam. Der Bischof war nicht nur Kirchenoberhaupt, sondern auch der höchste weltliche Würdenträger des Landes. Das türkische Kaiserreich hatte Serbien im 14. Jh. fast ganz einverleibt und zwar in einem Feldzug, der die berühmte Schlacht vom Amselfeld (Kosovo Polje) als Höhepunkt hatte. Diese Schlacht war sozusagen der trojanische Krieg der südslawischen Heldenepik. Im 19. Jh. war Montenegro von drei muslimischen Gebieten umgeben: dem Sandžak von Novi Pazar im Osten, Bosnien im Norden und Albanien im Süden. Der Erzbischof stellte die einzige Art Herrschaft für Montenegro dar, aber ihm fehlte jede Art der politischen Organisation im kleinen Land, und es war nur die moralische Kraft seines Amtes und die Tapferkeit der Montenegriner, die gegen die stärkeren Nachbarn standhielten. Die Situation wurde dadurch verschlechtert, daß dem Volk ein ausgespochenes Nationalgefühl fehlte. Die Krieger haben oft ihre eigenen Interessen über die Interessen der politischen Abstraktion gestellt, die Montenegro hieß. Die Feinde haben sich bemüht, einzelne Landstriche durch Geld und Drohungen abzutrennen.

Angesichts dieser schwierigen Situation setzte Njegoš seine ganze Überzeugungskunst ein, um ein Nationalgefühl unter seinen Landsleuten zu erwecken. Er benutzte die herkömmlichen kirchlichen Mittel ohne viel Erfolg. Er versuchte die Schulbildung einzuführen und brachte die erste Buchdruckerei ins Land. Seine heutige Berühmtheit verdankt er jedoch seiner Dichtung. Er setzte alle dichterischen Gattungen ein, um einen Geist der Einheit unter seinem Volk zu erwecken. Er schrieb ein Schöpfungsepos nach dem Modell von Milton, ein historisches Drama und ein dramatisches Gedicht über das Leben eines früheren Bischofs, der auch seine Leute zur Verteidigung anfeuerte. Dieses Lesedrama, *Gorski Vjienac* ("Bergkranz") ist sein berühmtestes Werk und das verehrteste Literaturwerk serbischer Sprache aus dem 19. Jh. Diese Werke kombinierten einheimische Dichtersprache mit internationalen Gattungsmustern. Während seiner letzten Jahre schrieb er auch einige Werke, die von seinem Biographen Milovan Djilas etwas verschämt abgetan werden; sie seien "nicht besser als Volksballaden." Gerade diese Gedichte sind für unsere Fragestellung interessant, da sie zeigen, wie ein literarischer Dichter, der die Literatur seiner Zeit sehr gut kannte, bewußt in der Sprache der einheimischen Mündlichkeit schreiben konnte. In diesen Gedichte gebrauchte er sowohl die Formelsprache als auch die metrische Form der Guslarenlieder. Wenn man die Methoden benutzt, die von den frühesten Verfechtern der Parry-Lord Theorie eingesetzt wurden, kann man diese Gedichte nicht von den genuin mündlichen Gedichten ihrer Zeit unterscheiden. Durch diese Gedichte versuchte Njegos sein Volk direkt in seiner eigenen Sprache anzusprechen. Sein Ziel war, sie für einen vereinigten Kampf gegen die muslimischen Nachbarn zu gewinnen, indem er große Taten ihrer Landsleute im Vergleich zu niederträchtigem Verrat ihrer Feinde in der traditionellen Form erzählte.

Was in unserem Zusammenhang besonders interessant ist, ist wie "mittelalterlich" die Situation von Njegoš war. Mittelalterlich war auch seine Reaktion darauf. Njegoš war ein schriftkundiger Kleriker aus einem an sich schriftlosen Volk. Nur Kleriker und Bürokraten (im Mittelalter waren die Bürokraten auch Kleriker) verfügten über eine literarische Bildung. Das Volk interessierte sich eher für Sippen- oder Dorfprobleme als für eine Abstraktion wie "Nation." Man denkt sofort an das *Rolandslied* mit seiner Kreuzzugpropaganda, aber der Gebrauch mündlich entwickelter Formen, um das Publikum der traditionellen Dichtung anzusprechen, ist wahrscheinlich keine Seltenheit im Mittelalter. Donald Fry hat vorgeschlagen, daß die altenglischen Dichter christlicher Gedichte die überlieferte Form aufgegriffen haben in der Hoffnung, die schriftlosen Sänger würden auch ihre Lieder in ihr Repertoire aufnehmen.

Beim *Nibelungenlied* liegen die Dinge anders. Hier nahm der Dichter auch den traditionellen Stoff und veränderte nur Einzelheiten innerhalb der Erzählung. Der Dichter wird beim riesigen Ausmaß des Epos kaum an eine Wiederaufnahme des Stoffes in seiner Fassung gedacht haben. Er dachte eher an die besondere Macht der überlieferten Form, seine Hörer zu bewegen. Die importierte Form der höfischen Romane hat sicher zu ihrer Beliebtheit bei den modebewußten Adligen und Ministerialien beigetragen, die ihre Niederschrift finanziert haben. Der Gebrauch einer Epenform und -sprache, mit der das Publikum aufgewachsen war, muß ein noch stärkeres Echo im Publikum erweckt haben. Der auffallendste Unterschied in der Rezeption zwischen den beiden großen Erzählgattungen der Laienaristokratie lag wahrscheinlich in der Fremdheit der einen Form und der vertrauten Traditionsgebundenheit der anderen. Die erstere implizierte Neuigkeit und Veränderung und die letztere überkommene Werte und gesellschaftliche Stabilität.

Ein weiterer wichtiger Aspekt bei der Entstehungsgeschichte des *Nibelungenliedes* ist der wirtschaftliche. Die Produktion langer Manuskripte verschlang Geld und verlangte daher einen reichen Mäzen. Obwohl wir keine Spur von den Verhandlungen besitzen, die zur Niederschrift des Epos geführt haben, können wir ziemlich sicher sein, daß eine einfache Niederschrift eines in mündlicher Tradition lebenden Liedes in keinem Fall die notwendigen Mittel für die Produktion einer großen Handschrift erbracht hätte. Man konnte ja jederzeit einen solchen Vortrag hören, ohne die Kosten einer Niederschrift aufbringen zu müssen. Stattdessen müssen wir annehmen, daß das Epos im Interesse eines bestimmten Auftraggebers geschrieben wurde. Ein Mäzen mit den verfügbaren Mitteln eines Wulfgers von Passau wäre für diese Aufgabe notwendig.

Die Macht traditioneller Strukturen und Werte und die wirtschaftlichen Probleme bei der Produktion einer volkssprachigen Handschrift deuten auf komplexere Hintergründe der Niederschrift des *Nibelungenliedes* als nur auf den Wunsch, einen Text für die Nachwelt aufschreiben zu lassen. Der Auftraggeber wäre kaum auf den Gedanken gekommen, die Nibelungensage könnte verloren gehen, wenn er sie nicht aufschreiben ließe. Erst im 19. Jh. scheinen solche Überlegungen eine wichtige Rolle für volkssprachige Literatur gespielt zu haben. Die großen Sammelhandschriften des Spätmittelalters hatten eher den Zweck, Reichtum und Macht ihrer Besitzer zu demonstrieren, als Kunstwerke vor dem Aussterben zu bewahren. Wir können nur Vermutungen aufstellen, welche Interessen bei der Entstehung des Nibelungenepos eine Rolle gespielt haben, aber wir können mit Sicherheit annehmen, daß das Epos bestimmte soziale und politische Interessen des Auftraggebers repräsentierte.

Kapitel 4

ZUR GATTUNGSFRAGE
DES *NIBELUNGENLIEDES*

"The function of genre conventions is essentially to establish a contract between writer and reader so as to make relevant expectations operative and thus to permit both compliance with and deviation from accepted modes of intelligibility." Diese Charakterisierung der Gattungsfunktion in der Literatur ist Teil einer Analyse des Lesevorgangs von Jonathan Culler (*Structuralist Poetics*, S. 147). Das Lesen ist für ihn die Rekonstruktion der im Text kodierten Welt. Culler gebraucht in diesem Zusammenhang ein Begriffspaar, das er von der Linguistic Noam Chomskys übernommen hat - Kompetenz und Performanz. In der Linguistik ist Kompetenz das Vermögen jeden Sprechers einer natürlichen Sprache, Inhalte zu inkodieren und dekodieren nach den Regeln der betreffenden Sprache. Performanz bezeichnet das sprachliche Produkt mit all seinen Versprechern und Schönheitsfehlern. Auf die Literatur übertragen bezeichnet Kompetenz das Vermögen des Lesers (oder einer Gemeinschaft von Lesern) den Gehalt eines literarischen Kunstwerks im Sinne des Autors zu verstehen. Die meisten Schreibkundigen in unserer Gesellschaft besitzen die Kompetenz einen Krimi zu dekodieren, eine etwas kleinere Gruppe kennt sich bei den besonderen Gattungen der Science Fiction aus, und eine verschwindend kleine Gruppe findet Eingang in die Welt des *Finnegans Wake* von James Joyce. Seitens des Autors ist die Kompetenz das Vermögen, ein Werk in die passende Gattung einzufügen, den linguistischen Apparat zu bedienen, und - vielleicht am wichtigsten - die Welt seiner literarischen Fantasie in ein vom kompetenten Leser verständliches Stück Literatur zu verwandeln.

Der Gattungsbegriff, den ich hier gebrauche, sucht den Mittelweg zwischen der platonischen Taxonomie der überkommenen Begriffe Epos, Lyrik, Drama einerseits und dem extrem nominalistischen Gebrauch eines Benedetto Croce, der die Brauchbarkeit aller Gattungsbegriffe ablehnt, andererseits. Wie das Zitat oben andeutet, läßt sich Gattung vielleicht am klarsten als eine Art Vertrag zwischen dem Autor und seinem Publikum verstehen. Wir müssen also die Menge tatsächlich vorhandener Gattungen in einer bestimmte Epoche berücksichtigen und nicht ein Museum unveränderlicher Formen postulieren. So müssen wir versuchen, die Punkte in der Literaturgeschichte zu finden, wo bestimmte Gruppen literarischer Konventionen für Autoren und Publikum verbindlich werden. An diesen Punkten gewinnen die Gattungen verhältnismäßig klare Umrisse, obwohl jedes bedeutende Werk die Gattung auch noch verändert. Claudio Guillén hat das Pikareske in dieser Weise beschrieben und sowohl die historische Bedingtheit wie auch die ideale Form der Gattung gezeigt:

> The lesson that may be derived from the empirical relevance of artistic genres is perhaps the following: a genre is an invitation to form. Now, the concept of genre looks forward and backward at the same time. Backward, toward the literary works that already exist. Forward, in the direction of the apprentice, the future writer, the informed critic. A genre is a descriptive statement, but rather often, a declaration of faith. (*Literature as System*, S. 109)

Nach Guillén gibt es einen Moment in der Geschichte, wo die Gattung noch nicht existiert, und einen späteren, wo die Gattung als Relikt der Vergangenheit angesehen werden muß, und der Gebrauch der Gattung als historisches Kuriosum gelten kann. Thomas Manns Gebrauch des Pikaresken im Roman *Felix Krull* zeigt, wie die Spannung zwischen einer historisch gewordenen Gattung und der wirklichen Epoche des Schriftstellers ironisch wirksam werden kann.

Wenn wir auf Cullers Vertrag zurückkommen, erkennen wir, daß Literaturwerke zweierlei Verhältnisse zu den Gattungskonventionen aufweisen: "Anpassung" und "Abweichung von überkommenen Normen der Verständlichkeit." Jedes Kunstwerk arbeitet - mindestens teilweise - in beiden Richtungen. Sowohl Anpassung als auch Abweichung sind wichtige Hinweise für den historisch denkenden Leser, will er den Erwartungshorizont eines literarischen Werkes begreifen. Die Gattungsentscheidungen eines Dichters können zu Beginn noch einfach sein, während die Komplikationen erst bei der Entstehung des Werkes auftauchen. Oder der Autor kann eine komplizierte Kombination von Gattungen schon am Anfang treffen, ja sogar eine Art Anti-Gattung entwerfen. Ein Beispiel aus der höfischen Blütezeit ist das bekannte Anti-Tagelied Wolframs von Eschenbach:

Der helnden minne ir klage
du sunge ie gên dem tage,
das sûre nâch dem süezen.
swer minne und wîplich grüezen
alsô empfienc,
daz sie sich muosen scheiden, --
swaz du dô riete in beiden,
dô ûf gienc
der morgensterne: wahtære swîc,
dâ von niht langer sinc! (Alle Wolfram-Zitate aus Wapnewski)

In dieser ersten Strophe zählt Wolfram die typischen Merkmale des klassischen Tagelieds einfach auf: die heimlich Liebenden, die Klage, die bittere Trennung, den Wächter, der die Liebenden warnen soll, der aufgehende Morgenstern. Alle diese Elemente gehören zum typischen Tagelied - die spezielle Gattung des Minnesangs, die das gefährliche Ende einer unerlaubten Liebesnacht zum Inhalt hat. Sogar die letzte Zeile, mit ihrer Aufforderung an den Wächter, er möge schweigen, ist nicht untypisch. Die Geliebte befiehlt dem Wächter in einem anderen Tagelied Wolframs "diu solt du mir verswîgen gar" als Antwort auf seine Warnung.

Danach jedoch zieht der Dichter den Leser weiter und weiter in ein Gattungsrätsel hinein, ein Rätsel, das erst in dem letzten Zeilenpaar gelöst wird.

> Swer pfliget oder ie gepflac,
> daz er bî liebe lac
> den merkern unverborgen:

Hier bildet die dritte Zeile die erste einer Reihe von negativen Aussagen, die die Gattungserwartungen des Lesers auf den Kopf stellen. Man kann sich vielleicht die wachsende Überraschung im Publikum verstellen, als Wolfram genau die Gattung "dekonstruierte", die er selbst zur höchsten Vollendung gebracht hatte!

> der darf niht durch den morgen
> dannen streben.
> er mac des tages erbeiten.
> man darf in niht ûz leiten
> ûf sîn leben.

Das letzte Zeilenpaar bringt die Lösung des Rätsels und damit eine völlige Auflösung der Gattung des Tagelieds:

> ein offeniu süeziu wirtes wîp
> kan solche minne geben.

Der Gattungsfeind treibt hier "hohe minne" mit der eigenen Ehefrau!

Wolfram spielt hier ein cleveres Spiel mit der Gattung und bekam garantiert sofort eine Reaktion von seinen gattungskompetenten Hörern, die sich vielleicht gefragt haben müssen, was der Meister des Tagelieds noch leisten konnte nach all den Meisterwerken, die er früher komponiert hatte. Solche Herausforderungen an etablierte Gattungen sind wahrscheinlich in dieser Epoche künstlerischer Gährung häufiger, als wir heute annehmen.

E.D.Hirsch widmet in seiner fundamentalistischen Abhandlung über literarische Hermeneutik *Validity in Interpretation* dem Verfahren des Lesers, die Gattung zu entschlüsseln, beträchtlichen Raum. Der Leser stelle immer eine mutmaßliche Gattung auf, die er dann im Laufe der Lektüre revidiert.

> ...for there can be no apodictic certainty that our preliminary guess regarding a text's genre is correct. Yet that guess governs and constitutes what we subsequently say about the text. Thus our self-confirming pre-understanding needs to be tested against all the relevant data we can find, for our idea of genre is ultimately a hypothesis like any other, and the best hypothesis is the one that best explains all the relevant data. (S. 263-264)

Im oben besprochenen Beispiel von Wolfram war der erste Eindruck - dieses Gedicht sei ein normales Tagelied - falsch, obwohl er bestimmt vom Dichter intendiert war, und unsere Gattungsfeststellung mußte sich ziemlich radikal verändern, ehe wir zum richtigen Verständnis des Gedichts kommen. Hirsch meint, der Leser wird seine erste Gattungshypothese aus äußerlichen Merkmalen gewinnen und diese dann revidieren. Der erste Eindruck kann z.B. vom Design des Buchumschlags, von der metrischen Form beim Gedicht, oder sogar von einem bekannten Autor (Agatha Christie bedeutet Krimi, John Le Carré bedeutet Spionageroman) herrühren. Die Möglichkeit und Notwendigkeit, eine erste Gattungshypothese zu revidieren, deuten auf die Wichtigkeit des Verfahrens hin. Hirsch illustriert diesen Punkt durch ein Mißverständnis aus einer Konversation: "Ach du redest schon die ganze Zeit von einem Buch. Ich dachte, es wäre ein Restaurant." (*Validity*, S. 71)

Der Gattungsbegriff, den ich hier gebrauche, kombiniert das historische Modell von Guillén mit dem "Vertrag" zwischen Autor und Leser von Culler, und der stets zu revidierenden Gattungshypothese von Hirsch. Diese drei an sich disparaten Gattungsbegriffe arbeiten zusammen, um ein recht ergiebiges Werkzeug für die historisch gebundene Interpretation mittelalterlicher Literatur zu schaffen. Dieser Gattungsbegriff ist besonders ergiebig beim Studium des *Nibelungenliedes* in seinem Entstehungs- und Erwartungshorizont in der Zeit um 1200.

Die Rezipienten des *Nibelungenlied* besaßen ein Repertoire an Gattungskonventionen, das sie beim ersten Versuch, das neue Epos zu verstehen, eingesetzt haben werden. Manche Signale zur Gattungswahl sind uns verlorengegangen. Es ist möglich daß die Wahl eines Begleitinstruments (oder das Fehlen desselben), die gesellschaftliche Begebenheit, oder sogar die Persönlichkeit des Sängers gewisse Gattungserwartungen beim Publikum wecken konnten. Wir müssen mit dem geschriebenen Text beginnen.

Die überlieferten Texte erlauben eine vorsichtige Rekonstruktion der literarischen Kompetenz eines aristokratischen Laienpublikums an deutschsprachigen Höfen um 1200. Die Zuhörer konnten wahrscheinlich sehr schnell erkennen, ob es sich um Lyrik oder Epik handelte. Die Hinweise aus dem Kontext hätten diese Entscheidung wahrscheinlich vorweg erzwungen. Man konnte also von vornherein Lyrik ausschließen. Das Problem war dann, eine passende epische Gattung zu erkennen. Die Versform mit ihrer dazugehörigen Melodie hilft hier. Einerseits kannte man Heldenepik in Strophen, andererseits verschiedene Gattungen in Reimpaaren.

Betrachten wir kurz die Möglichkeiten für Reimpaarerzählungen, bevor wir uns der Strophenform des *Nibelungenliedes* zuwenden. Die ersten Worte eines Gedichts erwecken bestimmte Gattungserwartungen beim Publikum. Ein Reimpaargedicht beginnt mit den folgenden Versen:

> Schephare allir dinge,
> cheiser aller chuoninge,
> wol du oberister ewart,
> lere mich selbe diniu wort,
> duo sende mir zemunde

din heilege urkunde,
daz ich die luge uirmide,
die warheit scribe
von eineme turlichem man,
wie er daz gotes riche gewan:
daz ist Karl der cheiser.

Wir erkennen sofort die klerikale Neigung des Autors. Diese Verse bilden den Anfang des deutschen *Rolandsliedes*, die Arbeit eines Pfaffen Kuonrat aus Regensburg aus der Zeit um die Mitte des 12. Jahhunderts. Es ist zwar nicht unmöglich, daß ein Laiendichter sein Gedicht mit einem Gebet als Prolog beginnen würde, aber wir finden kein Beispiel dafür in den Gedichten unserer Epoche. Sogar die frommen Erzählungen Hartmanns von Aue, *Gregorius* und *der arme Heinrich*, beginnen mit einem ans Publikum gerichteten Prolog, nicht mit einem Gebet. Der Leser/Hörer von Hartmanns Prologen weiß sofort, daß er es mit einem weltlichen Text zu tun hat, ganz gleich, welche Rolle die christliche Ethik in der Geschichte spielt. Spätestens ab *Iwein* war es Brauch, einen höfischen Roman mit einem Sprichwort - oder wenigstens mit einem Spruch, der wie ein Sprichwort aussieht - zu beginnen.

Iwein:
    Swer an rehte güete
    wendet sîn gemüete,
    dem volget saelde und êre.
Tristan:
    Gedæhte mans ze guote niht,
    von dem der werlde guot geschiht,
    so wærez allez alse niht,
    swaz guotes in der werlde geschiht.
Parzival:
    Ist zwîvel herzen nâchgebûr,
    daz muoz der sêle werden sûr.

Die Kombination von Situation, Versform und Sprichwort am Anfang erweckte beim Publikum dieser Texte bestimmte Gattungserwartungen. Diese Erwartungen lassen sich ungefähr so zusammenfassen:

1) Reimpaare
2) Spielplatz ist Artushof (oder manchmal ein anderer exotischer Ort)
3) Eine Aventiure am Anfang, die den Helden etabliert und ihm eine Frau und ein Reich verschafft.
4) Eine Krise oder Wendepunkt
5) Eine zweite Aventiurenreihe, durch die der Held wieder zu mâze und êre zurückfindet
6) Ein Happy-End
7) Die Erwartung, daß der Held und andere Artusritter sich an die Ritterethik halten, die u. a. die Verteidigung von Witwen und Waisen, die Wiederherstellung von Gesetz und Recht, und die Bereitschaft beinhaltet, an jedem Abenteuer teilzunehmen.

Der kundige Leser wird hier sofort das Modell der höfischen Romane von Hartmann erkennen. Das ist kein Zufall. Die Werke Hartmanns bilden eine Art Krisallisationspunkt für die Romangattung. Hartmanns Vorgänger, Eilhart von Oberg mit seinem *Tristan* und Heinrich von Veldeke mit seinem *Eneit* weisen schon Merkmale des klassischen Romans auf, aber Hartmanns Werke legten die Merkmale der Gattung für die nächste Generation fest. Spätere Romane nehmen seine Romane ausdrücklich zum Ausgangspunkt. Wirnt von Gravenberc, Wolfram von Eschenbach und der Stricker bauen auf seine Form auf. (Das Verhältnis zwischen Hartmann und Gottfried von Straßburg ist komplizierter, aber nicht weniger wichtig.) Sogar nach der gründlichen Umformung der Gattung durch Wolfram ist das Grundgerüst aus *Erec* und *Iwein* noch klar erkennbar.

Das *Nibelungenlied* gehört jedoch nicht zu dieser Gattung. Hier findet man keine höfischen Reimpaare und ebensowenig die übrigen Gattungssignale des Romans. Das Epos benutzt die Form des mündlichen Heldenepos, das wir im vorigen Kapitel beschrieben haben. Das mündliche Epos wird eine beliebte Form der Unterhaltung an den Höfen gewesen sein, auch wenn es allmählich vom höfischen Roman ersetzt wurde. Die erste Strophe vom *Nibelungenlied* in Hs. B lautet (nach der Ausgabe von Bartsch-de Boor):

> Es wuohs in Burgonden ein vil edel magedîn,
> daz in allen landen niht schœners mohte sîn,
> Kriemhilt geheizen: si wart ein scœne wîp.
> Dar umbe muosen degene vil verliesen den lîp.

Dieser Anfang, zusammen mit der Strophenform und -melodie, verweist eindeutig auf die traditionelle Epik. Wenn wir heute sagen, daß das *Nibelungenlied* in der Form der mündlichen Epik geschrieben wurde, machen wir dieselbe vorläufige Gattungsentscheidung, die schon vom ersten Publikum getroffen worden sein wird. Wir können nur annehmen, daß dies auch Absicht des Dichters war. Wenn der Dichter die überlieferte Geschichte für sein höfisches Publikum nur aufpolieren wollte, dann hätte er sicher dafür die Versform des höfischen Romans gewählt. Spätere Dichter haben eben dies unternommen. Man denke an das Heldengedicht *Biterolf und Dietleip*, das in Reimpaaren geschrieben wurde. Das Auffallende beim *Nibelungenlied* ist gerade diese Wahl der traditionellen Form mit seinen dazugehörigen Gattungssignalen.

Schon bei der parodistisch erhöhten Darstellung der ersten Begegnung zwischen Siegfried und Kriemhild mit seiner Minnesang-Sprache stand der aufmerksame Zuhörer/Leser vor einem Gattungsrätsel ersten Grades. Nach dem ersten Eindruck, konnte der Hörer (bzw. Leser) meinen, es handele sich hier um ein traditionelles Heldengedicht aus der mündlichen Tradition, aber das Vorhandensein von Elementen aus höfischer Epik und Lyrik hätten ihn jedoch dazu geführt, diesen ersten Eindruck zu revidieren. Die gattungsbedingte Dekodierung des Textes fand somit in einem Spannungsfeld zwischen traditioneller Epik und den fremden Elementen aus der höfischen Literatur statt.

Die Aufnahme nichttraditioneller Elemente in ein Epos, das nach Form und Inhalt als traditionsgebunden hätte gelten können, mußte das Publikum irritieren. Es wird diese Mischung als eine Abweichung von überlieferter gattungsbedingter Verständigung zwischen Autor und Publikum empfunden haben. Culler spricht von einer "deviation from accepted modes of intelligibility." Die traditionsfremden Elemente lenken die Aufmerksamkeit auf sich und bewirken eine Art Verfremdung des vielleicht Allzubekannten. Diese Abweichungen von der überlieferten Gattung erzeugen neue Bedeutungen und bieten uns sehr wichtige hermeneutische Hinweise für das Lesen des historischen Texts.

Wir können also die Lösungsversuche zu diesem Gattungsrätsel bei den ersten Rezipienten nachvollziehen. Das Publikum kannte weltliche Erzähldichtung hauptsächlich aus der mündlichen Epentradition und aus dem literarischen höfischen Roman. Wie wir später sehen werden, haben auch die sog. Speilmannsepen eine Rolle gespielt, aber die generische Spannung im *Nibelungenlied* liegt zwischen dem Traditionellen und dem Höfischen. Nachdem der erste Eindruck eines überlieferten Heldenepos enttäuscht worden war, lag die Assoziation mit dem höfischen Roman nahe. Die traditionelle Form und der alte Stoff verhinderten jedoch einen vollständigen Übergang zum Verstehensmodus für die neuere Gattung.

Diese generische Zweideutigkeit scheint zwangsläufig aus dem Übergang von Mündlichkeit zu Schriftlichkeit erwachsen zu sein. Ich möchte aber hier annehmen, daß der Nibelungendichter dieses Spiel bewußt und gekonnt eingesetzt hat, und daß es nicht das automatische Ergebnis des Medienwechsels war. Der Dichter hat vorsätzlich Gebrauch von den kontrastierenden Konventionen gemacht und damit schon eine Art generische Strategie geschaffen. Dabei wollte er die Erwartungen des Publikums in eine Richtung lenken, während er gleichzeitig Elemente aus anderen Gattungen geschickt eingebaut hat. Durch den Überraschungseffekt wird die Aufmerksamkeit des Publikums auf eben diese Elemente gelenkt worden sein.

Hartmanns Gebrauch von Material aus dem französischen Ritterroman ist nur ein Teil der radikalen Neuerung, die man auf jeder Ebene seiner und anderer höfischer Dichtungen finden kann. Der Stil, die Gattung und das Ethos sind für das aristokratische Publikum neu. Sie stellen wesentliche Abweichungen von überlieferten Werten dar. Mit der Wahl einer traditionellen Form distanziert sich der Nibelungendichter von dieser neuartigen Literatur aus den französischen Höfen, von dem ritterlichen Ethos, und vielleicht am wichtigsten von dem politischen und gesellschaftlichen System, das damals unter dem Zeichen der Chevalerie überall ins deutschsprachige Reich Einzug hielt. Das alles ist impliziert, wenn ein Dichter die Gattungszeichen der neuen Mode ablehnt, um diejenigen der überlieferten Epik zu gebrauchen. Der Vergleich mit Vergil, der die äußeren Gattungszeichen der traditionsgebundenen Epik Homers ins Lateinische übersetzte, bietet sich fürs Mittelalter an. Als Vergleich bieten sich jedoch eher der Erzbischof Njegoš und seine Dichtungen an, die schon im vorigen Kapitel beschrieben wurden. Vergil arbeitete zwar mit einem aus der Mündlichkeit kommenden Modell, aber dieses hatte schon längst eine verbindliche schriftliche Form angenommen und war obendrein die mündliche Tradition einer anderen Sprachgemeinschaft. Njegoš dagegen arbeitete mit der noch lebendigen Tradition seines eigenen Volks, um die starken Resonanzen dieser Tradition in seinem Publikum direkt anzusprechen. Vielleicht die wichtigste dieser Resonanzen für den Nibelungendichter war der inhärente Konservatismus der mündlichen Tradition. Albert Lord schloß sein Buch *Der Sänger erzählt* mit einer beredten Beschreibung der Macht der Tradition.

Nach alledem, was über mündlichen Aufbau als eine Technik der Vers- und Liedkonstruktion gesagt worden ist, scheint der wichti-

> gere Begriff der Terminus 'traditionell' zu sein. 'Mündlich' erklärt uns das 'Wie', 'traditionell' das 'Was', ja es antwortet sogar auf die Frage, 'Welche Art' und 'Mit welcher Kraft'. Wenn uns der Aufbau eines Liedes klar ist, wissen wir auch, daß seine Bauelemente ein großes Alter haben müssen. Denn es liegt in der unabdingbaren Natur der Tradition, daß sie auf Festigkeit aus ist, daß sie zu bewahren trachtet. Und diese Zähigkeit entspringt weder einem verstockten Beharren noch abstraken Prinzipien absoluter Kunstauffassung. Sie läßt sich aus der zwingenden Überzeugung herleiten, daß das Gut, welches die Tradition bewahrt, der eigentliche Weg ist, Leben und Glück zu erlangen. (S. 316)

Der schreibende Autor, der bewußt die mündlich-traditionelle Dichtung imitiert, übernimmt die Werte der traditiongebundenen Welt, die in der mündlichen Epik überliefert sind. Das Publikum eines solchen Epos fühlt sich bestärkt in seinem Glauben an überkommene Werte und sieht in dem Gedicht eine Bestätigung, daß es schon immer so gewesen ist.

Die Einführung nichttraditioneller Elemente führt dann unweigerlich zu einer Konfrontation des Alten mit dem Neuen. Das Alte bleibt dominant, weil Form und Inhalt des Epos alt sind, aber das Neue irritiert und zieht unsere Aufmerksamkeit auf sich. Die semiotische Wirkung dieser Irritation wird sehr wichtig in unserem Versuch, die chevalresken Elemente des geschriebenen Nibelungenepos von 1200 zu verstehen.

Kapitel 5

SÎVRIT UND SEINE LITERARISCHEN VORBILDER

Der Held kompromitiert

> Es wuohs in Burgonden   ein vil edel magedîn,
> daz in allen landen   niht schoeners mohte sîn,
> Kriemhilt geheizen;   si wart ein scoene wîp.
> Dar umbe muosen degene   vil verliesen den lîp.

Diese Strophe - die erste der sogenannten *B-Fassung - verbindet das Motiv der weiblichen Schönheit, die sich aus der höfischen Literatur ableitet, mit dem Massenmorden am Schluß des Epos. Das Motiv des massenhaften Sterbens erhält zusätzliches Gewicht durch seine Stellung im metrisch abweichenden letzten Halbvers. Im Laufe des Epos wird diese Stelle in der Strophe immer wieder benutzt, um auf das katastrophale Ziel des Ganzen hinzuweisen. Drei der ersten vier Strophen dieser *B-Fassung schließen mit einem Hinweis auf den Burgundenuntergang. Man hat sich schon oft mit diesen epischen Vorausdeutungen beschäftigt und dabei diese als bloße Strophenfüllsel abgetan. Wir müssen jedoch bedenken, daß die Handlung dem Hörer schon längst bekannt war, noch ehe der Sänger oder Leser mit dem Gedicht begonnen hatte. Spannung im Sinne eines modernen Krimis ist sowohl unbekannt wie auch unmöglich in einer Geschichte, die dem Publikum so vertraut war wie die von Sîvrits Tod und dem Burgundenuntergang.

Obwohl wir praktisch von Anfang an wissen, wie die Geschichte "ausgeht," bauen die Vorausdeutungen eine andere

Art Spannung auf. Siegfried Beyschlag hat mit Recht beobachtet, daß sie die Aufmerksamkeit des Hörers vom "Was" auf das "Wie" lenken. Es ist gerade diese Betonung des "Wie", das die Rezeption einer traditionellen Geschichte spannend macht. Die Vorausdeutungen erlauben es dem Nibelungendichter, die Geschichte weit in die Länge zu ziehen, ohne den Faden der (bekannten) Geschichte zu verlieren. Die Motive des höfischen Schönheitskults und des Massensterbens erklingen hier zusammen, um das Publikum auf ihre Entwicklung im Laufe des Epos aufmerksam zu machen.

Nach einer knappen Einführung des burgundischen Hofpersonals werden die beiden Motive noch einmal durch die Erzählung und Deutung von Kriemhilts Falkentraum betont. Jetzt erfahren wir noch präziser, daß Kriemhilt Sîvrit verlieren wird. Die Spannung, die durch den Traum erzeugt wird, kann nur aufgelöst werden, wenn Sîvrit tatsächlich ermordet wird. (Das Orakel der *merewîp* in Strophen 1533-1549 hat die gleiche Funktion für die zweite Hälfte des Epos.) Das Minnemotiv erscheint explizit hier zum ersten Mal, obwohl es schon implizit im Schönheitsmotiv am Anfang des Epos vorhanden war. *Minne*, bzw. *minnen*, erscheint viermal in der kurzen Spanne von vier Strophen. Die letzte Strophe dieser *Aventiure* (wie die Kapitel des *Nibelungenliedes* nach mittelalterlichem Brauch heißen) wiederholt die schicksalsschwere Vorausdeutung der ersten Strophe, aber mit zusätzlichem Detail.

> Der was der selbe valke,   den si in ir troume sach,
> den ir besciet ir muoter.   Wie sêre si daz rach
> an ir næhsten mâgen,   die in sluogen sint!
> Durch sîn eines sterben   starb vil maneger muoter kint. (19)

Noch vor dem Ende der ersten Aventiure wissen schon alle Hörer/Leser von der festen Verbindung zwischen Minne und der Katastrophe, die die Burgunder erwartet.

Während der beiden Jahrzehnte, die der Niederschrift des *Nibelungenliedes* vorausgingen, beherrschte höfische Literatur, d.h. Minnesang und höfischer Roman, den literarischen

Horizont in Deutschland. Diese beiden Gattungen bauten ihrerseits auf französischen und provenzalischen Vorbildern auf. Ein zentrales Anliegen beider Gattungen war amor, amour, oder - auf Deutsch - minne. Das Wort "minne" hatte schon eine breite Skala von Bedeutungen, bevor die höfische Literatur aus Frankreich ihren Einfluß geltend gemacht hat. Es konnte sowohl Liebe zwischen den Geschlechtern wie auch die Liebe zwischen Gott und Mensch bedeuten. Es konnte sogar die freundlichen Gefühle andeuten, die einen Gastgeber mit dem Gast verbanden. Innerhalb der literarischen Konventionen der höfischen Literatur verband sich das Wort immer fester mit dem "amour courtois", der besonderen Art der Liebe zwischen einem Ritter und seiner Dame. Man kann mindestens drei minne-Konventionen der höfischen Literatur ausmachen: erstens das Minneverhältnis, das sich am charakteristischsten in der Lyrik Reimars des Alten darstellt, in dem ein Ritter eine Frau anbetet, ohne Hoffnung auf Gegenliebe; zweitens finden wir die Tristan-Minne, das verbotene physisch erfüllte Liebesverhältnis zwischen einem Ritter und seiner Dame, die mit einem anderen verheiratet ist; und drittens die Liebe zwischen Ritter und Dame, die miteinander verheiratet sind. Die zweite Form finden wir hauptsächlich in den Tageliedern, die die Klage der Liebenden über die durch den Tagesanbruch erzwungene Trennung und die damit verbundene Gefahr zum Inhalt hat, und in den Fassungen des Tristan-Romans. Die dritte Form existiert fast nur in den Romanen, die Eheprobleme im Rahmen des ritterlichen Lebens behandeln. Die ersten beiden Formen sind, abgesehen von den Sonderfällen von Lanzelot und Tristan, selten in den Romanen, und die dritte ist, mit Ausnahme von Wolframs Anti-Tagelied, das wir oben besprochen haben, in der Lyrik völlig unbekannt. Der Grund für diese Verteilung liegt in der Natur der literarischen Formen. Die Lyrik behandelt eine Situation, nicht eine Entwicklung, und nur die verbotene Liebe, sei sie einseitig oder zweiseitig, bietet eine spannunggeladene Situation, die sich in der lyrischen Form ausbeuten läßt, während die lange Entwicklung einer Ehekrise und deren Lösung eine narrative Form beansprucht. Der Roman bewegt sich in Richtung Harmonie und Eintracht, so daß der Handlungsgang die notwendige Lösung aller Minneprobleme bringen muß.

Mittelalterliche Kenner der Sîvritgeschichte werden bei der zweiten Aventiure gestaunt haben. Sîvrit wächst hier in einer höfischen Atmosphäre auf, behütet von Eltern und Erziehern vor der wirklichen Welt. Der Dichter geht viel weiter als notwendig, um diese geschützte Erziehung unmißverständlich darzustellen: "vil selten âne huote man rîten lie das kint" (25,1). In der Sprache des Epos bedeutet "vil selten" so viel wie "nie und niemals." Ein stärkerer Kontrast zur traditionellen Jugend Sîvrits ist kaum zu denken. Die einfachste Annahme ist, daß der Nibelungendichter diese traditionelle Jungend nicht gekannt hat und seine Geschichte von Sîvrit konventionell begonnen hat. Diese Annahme erfährt eine schroffe Korrektur in Hagens Erzählung in der nächsten Aventiure (Str. 86-99). Hier wird auf knappem Raum die bekannte Geschichte von Sîvrits wilder Jugend, seinen Kämpfen mit Zwergen, Riesen und Drachen, sowie von der Gewinnung des Nibelungenhorts berichtet. Wir können nur annehmen, daß diese sich widersprechenden Versionen von der Jugend des Helden - so wie die Betonung der Minne in der ersten Aventiure - Aufmerksamkeit auf sich lenken wollen.

Aber warum? Aus unserer Sicht bedeutet die höfische Version von Sîvrits Jugend eine ungeheure Verflachung der Geschichte. Was mag der zeitgenössische Rezipient aus dieser neuen Version gelesen haben? Die Veränderungen der überlieferten Geschichte weisen alle in eine Richtung: Sie haben alle den Zweck, Sîvrit als erbmässig etablierten König darzustellen, d. h. als einen, der auf derselben gesellschaftlichen Stufe wie Gunther stand. Obwohl die überlieferte wilde Jugend Sîvrits Abstammung von einem Königsgeschlecht keineswegs verleugnet hatte, war bei seiner Ankunft in Worms seine Situation eher unklar. Aber die im *Nibelungenlied* enthaltene Betonung der höfischen Erziehung, der Schwertleite sowie

Siegmunds Macht über breite Länder und Burgen lassen keinen Raum für Zweifel über Sîvrits gesellschaftliche Stellung. Er ist auf jeden Fall ein standesgemäßer Partner für Kriemhilt. Die Werbung um diese Braut hätte auf normaler diplomatischer Ebene abgewickelt werden können.

Aber vor der Brautwerbung steht Sîvrits Erziehung. Nach der Betonung der Minne in der ersten Aventiure ist es keine Überraschung, daß Sîvrit ebenfalls Liebe in den Herzen der edlen Mädchen und Frauen am Xantener Hof erwecken kann. Folgerichtig ist sein erster Gedanke nach der Schwertleite der Minne gewidmet. "Do gedâht ûf hôhe minne das Siglinde kint." (47,1) Die Worte "hôhe minne" besitzen beim heutigen Germanisten eine Signalwirkung, die sie damals kaum gehabt haben können. Unsere germanistische Erziehung läßt sofort an Reimar den Alten und Walther von der Vogelweide denken, aber das Wortpaar bedeutet hier nur soviel wie "Liebe zu einer hochstehenden Frau." Sîvrits erste Vorbereitungen auf die Brautwerbungsexpedition weisen kaum in die Richtung der schmachtenden Liebhaber der Reimar-Lyrik.

Sîvrit bricht nach Worms "in recken wîse" auf, d.h. in einer kleinen Gruppe (er hat elf Begleiter, die aber so gut wie keine Rolle spielen). Diese Werbungsreise wirkt wie ein Kompromiß zwischen dem standesgemäßen Auftreten des jungen Prinzen mit großem Aufgebot und der traditionellen Ankunft, bei welcher der Held allein und nur durch seinen Ruhm begleitet erscheint. Sîvrits Ankunft in Worms gehört zu den befremdlichsten Szenen in unserem Epos. Diesen Eindruck haben wahrscheinlich die ersten Leser/Hörer geteilt, obwohl die Ankunftszene einem traditionellen Muster folgt. Sîvrits aggressive Herausforderung an Gunther paßt schlecht in die Erwartungen einer freundlichen Werbungsfahrt. Da fällt nicht einmal ein Wort über die Werbung selbst. Hier sind vielleicht Echos aus der höfischen Epik zu vernehmen. Iwein z.B. fordert Askalon zum Zweikampf heraus und gewinnt unversehens nicht nur Land und Leute, sondern auch die Gattin. Gunther lehnt den Zweikampf ab mit dem Hinweis auf sein erbliches Recht auf das Land. Einerseits spiegelt die Gegenüberstellung von überliefertem Erbrecht und Sîvrits Bereitschaft, die bestehende Ordnung in Frage zu stellen, Interessen zeitgenössischen politischen Lebens wider. Sîvrits Angriff auf die bestehende Ordnung stellt ihn neben den Helden des höfischen Romans, dessen politische Stellung (und Minneverhältnis), von einer Reihe von Prüfungen der ritterlichen Kunst abhängt. Andererseits ist Gunthers Beharren auf überlieferte Rechte keineswegs Ausdruck "höfischer" Werte, sondern vielmehr eine Verteidigung alter Werte, die der Hörer mit traditioneller Epik verbinden konnte.

Die in der heutigen Germanistik etablierte Interpretation von Sîvrits Ankunft als atavistischem Rückgriff auf ein altheroisches Ethos besteht schon so lange, daß man die Vorstellung, Gunthers Benehmen sei moderner als Sîvrits, ungern aufgibt. Vielleicht sind noch Spuren eines alten Ethos in Sîvrits Auftreten zu finden, aber innerhab des im *Nibelungenlied* geltenden Wertsystems ist es klar, daß zeitgenössische Fragen der Ethik und der Herrschaft die dominante Rolle spielen. Eines der Hauptziele staufischer Politik um 1200 war die Anerkennung der Erbfolge auf königlicher Ebene, um die dynastischen Interessen der Staufer zu sichern und nebenbei für politische Stabilität im Reich zu sorgen.

Es gab zwei Alternativen zum Erbreich. Erstens gab es das alte Wahlsystem, das noch lange nach den Staufern den König bestimmt hat. Dieses System taucht trotz ihrer herrschenden Position in der Geschichte in der literarischen Behandlung der Königsmacht kaum auf. Obwohl Erbfolge nie politische Wirklichkeit für das deutsche Königreich wurde, kommt nur diese in der traditionellen bzw. quasi-traditionellen Heldenepik des 13. Jahrhunderts vor.

Die neue Vorstellung königlicher Herrschaft in den höfischen Romanen steht jedoch in scharfem Kontrast zur Stabilität der Erbfolge, die von den staufischen Dynasten angestrebt wurde (und die in den übrigen, nicht-königlichen Dynastien bestand). Fast ohne Ausnahme müssen die Helden der Romane ihre Macht durch ritterliche Taten und Dienst gewinnen. Ein besonders gutes Beispiel bietet Iwein, da er ein Königreich, mit Waffengewalt im Zweikampf mit dem eigentlichen Herrscher gewinnt. Erec muß seinerseits die Eignung zur ihm zustehenden Macht durch eine lange Reihe von Abenteuern beweisen. Parzival fällt bei seiner ersten Prüfung (auf der Gralsburg) durch und muß ebenfalls sein Recht auf den Thron unter Beweis stellen. Die historischen Quellen deuten an, daß dieses Modell eher für den nicht-königlichen Adel gedacht war, daß es in dem Ministerialis eine Hoffnung auf sozialen Aufstieg erwecken sollte. Die Vorstellung, man könnte politische Macht durch Waffengewalt erringen, muß für die gesellschaftlichen Gruppen attraktiv gewesen sein, die ihre soziale Stellung verbessern wollten. Iweins Sieg über Askalon könnte somit die Anwendung von Gewalt unter bestimmten Voraussetzungen legitimieren. Mindestens zwei mächtige Ministerialen haben gerade diese Szene durch Bilderreihen in ihren Burgen darstellen lassen.

Das Bild des wandernden Ritters aus den Romanen war für Herrschende eher bedrohlich. Solche *chevaliers errants* bedeuteten soziales Chaos, ein Wiederaufleben des alten Naturgesetzes der Herrschaft der Starken, das sich wenigstens teilweise durch die Festigkeit des feudalen Machtsystems mit ihrem feststehenden Erbrecht bannen ließ. Die Vorstellung, daß die eigene Herrschaft stets durch Sîvrit-Typen gefährdet war, führte keineswegs zu stabilen und gesicherten Machtverhältnissen. Sîvrit ist selbst Erbprinz, aber er lehnt die traditionellen diplomatischen Wege der Brautwerbung ab, um sich der das Chaos heraufbeschwörende Ethik des wandernden Ritters anzunehmen. Sollten wir daran zweifeln, daß Sîvrit die neue chevalreske Ethik darstellt, brauchen wir nur ein paar Strophen weiterzulesen, um ihn in der Rolle des passiv leidenden Minneritters zu erleben. Diese beiden literarischen Typen, der *chevalier errant* und der Minneritter, kamen aus Frankreich, und genossen gerade im Augenblick der Niederschrift des *Nibelungenliedes* an manchen Höfen große Beliebtheit. Es wäre sicher von Interesse, wenn wir diese literarische Bewegung mit bestimmten Höfen und dadurch mit bestimmten politischen Interessen verbinden könnten, aber es ist klar, daß die ethischen Vorbilder der chevalresken Literatur für den Nibelungendichter einen eher negativen Wert besaßen.

Sîvrits wildem Angriff auf den selbstgefälligen Frieden des Wormser Hofs folgt seine genauso unvorbereitete Verwandlung in die Rolle des (fast) hoffnungslosen Minneritters. Die letzten beiden Strophen der dritten Aventiure zeigen Sîvrit vollkommen in der Rolle eines der "Reimar-Minne" verfallenen Ritters:

> Er gedâht' ouch manege zîte: "wie sol daz gescehen,
> daz ich die maget edele mit ougen müge sehen?
> Die ich von herzen minne und lange hân getân,
> diu ist mir noch vil vremde: des muoz ich trûric gestân".
> ....
> er leit ouch von ir minne dicke michel arbeit. (136; 137,4)

Dieses Verhalten is undenkbar ohne das Vorbild des Minnesangs. Der Dichter kann allerdings diese Gelegenheit nicht verpassen, die Verbindung von Minne und Leiden in ironischer Variation der oben zitierten Liebesqual zu streifen.

> Sus wont' er bî den herren, daz ist alwâr,
> in Guntheres lande volleclîch ein jâr,
> daz er die minneclîchen die zîte niene gesach,
> dâ von im sît vil liebe und ouch vil leide gescach. (138)

Der der Reimar-Minne Verfallene kann sich nur dem Minnedienst widmen, da direkte Ansprache ausgeschlossen ist. Dienst und Liebe sind unentwirrbar verbunden sowohl in der Symbolsprache des Minnesangs als auch in der des höfischen Romans. Vom frühesten Minnesang an finden wir die Sprache des feudalen Dienstes als Beschreibung des Verhältnisses zwischen Ritter und Dame. Der Ritter ist "untertan" der Dame;

sie heißt "vrouwe", eine Bezeichnung, die feudale Abhängigkeit mehr als impliziert.

Sîvrit braucht eine Möglichkeit, Minnedienst zu leisten, und diese bietet sich in Form des Sachsenkriegs an. Das Dienstverhältnis wird in den letzten Zeilen des Kriegsrats noch einmal betont: "iu sol mit triuwen dienen immer Sîvrides hant" (161,4). Wie wir bereits im Kapitel über den historischen Horizont gesehen haben, war Dienst und Dienstleistung eine aktuelle Frage der Zeit. Feudale Verhältnisse wurden neu geprägt, wie im Falle des neuen Herzogs von Österreich im *privilegium minus*. Dort wurde die Dienstleistung des Herzogs dem Kaiser gegenüber scharf abgegrenzt. Gleichzeitig suchten die Ministerialen vieler Herren durch ihre Dienstleistungen ihren Status zu erhöhen. Einige sind zu großer Macht gelangt. Ihnen fehlte nur noch die *de jure* Anerkennung ihres gesellschaftlichen Ranges als *nobiles*, um sie auf die gleiche Höhe mit den mächtigsten Herren des Reichs zu stellen. Die in der Literatur betonte Tugend der Dienstleistung beweist die Wichtigkeit der Dienst-Ideologie an den aristokratischen Höfen im deutschen Reich.

Die Dienst-Ideologie erhielt eine weitere Perspektive durch die Verbreitung des Begriffs einer *militia dei*. Der Gottes-Dienst hatte durch die Kreuzzüge und ihre sehr konkrete Version der *militia dei* an Stärke gewonnen. Ein frühes Stück Kreuzzugspropaganda in Deutschland, das *Rolandslied* des Pfaffen Konrad, läßt Karl den Grossen als "gotes dinist man" bezeichnen. Die Verbindung von religiösen und weltlichen Dienst-Ideologien bildete einen wichtigen Teil des Erwartungshorizonts zur Zeit der Entstehung des *Nibelungenliedes*. Der Dienst spielte eine positive Rolle in der chevalresken Literatur nach französischem Vorbild.

Betrachten wir nun die Rolle vom Ritterdienst im ethischen Aufbau des *Nibelungenliedes*. Schon früh fällt das Wort in Verbindung mit der Macht der Burgunder am Rhein. In der sechsten Strophe liest man, "in diente von ir landen vil stolziu ritterscaft". Wer auch immer den von Sîvrit geforderten Zweikampf gewinnt, "dem sol ez allez dienen, diu liute und ouch ir lant" (1143). Die beiden Anwendungsbereiche von Dienst - feudale Herrschaft und Minnedienst - kommen dann im Sachsenkrieg zusammen. Der Kenner des höfischen Romans und der Minnelyrik wird Sîvrits Angebot sofort als Minnedienst erkennen. Die erfolgreiche Ausführung von *dienest* führt unmittelbar zum Ziel des Minneritters: *lôn*. Sîvrit darf die Angebetete zum ersten Mal sehen. Diese Folge von *minne-dienst-lôn* geschieht später noch einmal in der Werbung um Prünhilt.

Da die Vorstellung von Minnedienst aus dem Minnesang kommt, ist es keine Überraschung, wenn die Szene der ersten Begegnung von Sîvrit und Kriemhilt viele Minnesangmotive aufweist. Walther von der Vogelweide bietet eine Parallelszene. Nach einer Beschreibung eines Maimorgens behauptet Walther, daß er sich etwas vorstellen kann, das ihm noch besser gefallen würde.

> Swâ ein edeliu schœne frowe reine,
> wol gekleidet unde wol gebunden,
> dur kurzewîle zuo vil liuten gât,
> hovelîchen hôhgemuot, niht eine,
> umbe sehende ein wênic under stunden,
> alsam der sunne gegen den sternen stât. (46, 10-15)

Wir finden diese Motive im *Nibelungenlied* wieder: Erscheinung der Frau vor der Gesellschaft, schöne Kleidung und Kopfputz, und das Bild der Sonne als Kontrast zur Nacht. Es besteht kein Grund zur Annahme, Walthers Gedicht sei die Quelle für die Szene im Nibelungenpos, es soll nur deutlich werden, daß diese Elemente zur konventionellen Bildersprache des Minnesangs gehörten.

Man könnte aber fast glauben, daß der Nibelungendichter und Walther dieselbe Szene beschreiben.

> Nu gie diu minneclîche, alsô der morgenrôt
> tuot ûz den trüeben wolken. (281, 1, 2a)

Das Bild kehrt in leichter Abwandlung wieder:

> Sam der liehte mâne   vor den sternen stât,
> des scîn sô lûterlîche   ab den wolken gât.
> Dem stuont si nu gelîche   vor maneger frouwen guot.
> (283, 1-3)

Die Wirkung dieser Erscheinung stammt ebenfalls aus dem Minnesang. Sie vertreibt die "nôt", das Leiden des bisher frustrierten Liebenden. Die Schlüsselwörter "gruoz" und "kus" erscheinen hier in einer neuen, dem Minnesang fremden Situation. Die weiteren Anlehnungen an die Sprache der Lyrik sind einfach zu zahlreich, um hier ausgeführt zu werden.

Es ist vielleicht charakteristisch für das *Nibelungenlied*, daß der Dichter auch hier die fatale Verbindung von Minne und Kriegsleiden erwähnt, obwohl es sich hier nicht um die künftige Katastrophe handelt, sondern nur um die Verwundeten (und Toten) des Sachsenkriegs. Einer der gefangenen Könige bemerkt:

> Der künec von Tenemarke   der sprach sâ zestunt:
> "diss vil hôhen gruozes   lît maneger ungesunt
> (des ich vil wol enpfinde)   von Sîvrides hant. (298, 1-3)

Nach einem gemächlichen Abschluß zum Fest und einem leicht abgewendeten Versuch Sîvrits heimzukehren, beschließt der Dichter diese Aventiure mit einer erneuten Erinnerung an die Verbindung von Minne und Tod.

> Durch ir unmâzen scœne   der herre dâ beleip.
> Mit maneger kurzewîle   man nu die zît vertreip,
> wan daz in twang ir minne: diu gab im dicke nôt.
> Dar umbe sît der küene   lac vil jæmerlîche tôt. (324)

Diese Verbindung von der "nôt" des Liebenden und dem reellen "tôt" des Menschen grenzt schon ans Groteske. Der Dichter will hier offensichtlich die Konventionen der höfischen Liebe in ein besonders ironisches Licht tauchen.

Die Werbung um Prünhilt läßt allerdings diese Konventionen völlig hinter sich. Hier liegt die Betonung auf der Dienstleistung Sîvrits, auf dem (für uns) fiktiven Dienstverhältnis zwischen dem Burgunderkönig und dem Helden aus Niderlant. In der wichtigen Beratungsszene vor der Werbungsfahrt finden wir Sîvrit fest im Sattel als Hauptberater Gunthers, in der Rolle eines Vasalls. Hier leistet er *consilium* und, nachdem die Fahrt gegen seinen Rat beschlossen wird, bietet er *auxilium* an. Allerdings macht er diese Hilfeleistung vom entsprechenden Lohn abhängig. Der Lohn für Sîvrits Dienst ist selbstverständlich die Hand Kriemhilts.

Die ganze Episode auf Isenstein sieht aus, als ob sie nur dazu da ist, um Sîvrits abhängigen Status zu demonstrieren. Noch vor ihrer Ankunft besteht Sîvrit darauf, daß sie alle "wan einer rede jehen" sollten, nämlich "Gunter sî mîn herre, und ich sî sîn man." (386) Bei der Landung leistet Sîvrit den symbolisch sehr wichtigen Steigbügeldienst. Im Jahre 1077 demonstrierte Kaiser Heinrich VII seine feudale Unterwerfung vor dem Papst in Canossa mit eben diesem Gestus. Obwohl Heinrich auch seine Ziele dadurch erreicht hat, bleibt bis heute Canossa ein Symbol für schmähliche Unterwerfung. Sîvrit meint, er spiele nur eine Rolle, um sein Ziel zu erreichen, aber Gunther kann der Wirkung des Gestus nicht widerstehen:

daz sâhen durch diu venster   diu wætlîchen wîp.
Des dûhte sich getiuret   des künec Guntheres lîp. (396, 3-4)

Gunthers Gefühle sind besonders stark, da diese Szene sich vor den Damen des Hofes abspielt, den höchsten Richtern der ritterlichen Würde. Im Laufe der Steigbügelszene finden wir wieder eine bedeutungsschwere Vorausdeutung: "alsô diente im Sîfrit des er doch sît vil gar vergaz." (397,4) Daß Gunther die Bedeutung von Sîvrits "vorgetäuschter" Dienstleistung und der damit verbundenen Statusminderung nicht begreift, ist für die weitere Entwicklung der Tragödie schwerwiegend.

Die folgende Szene am Hof Prünhilts bildet den Kern des Dienstmannbetrugs und ist sehr sorgfältig aufgebaut. Zunächst treten die Männer in ihrer (vorgetäuschten) Rangfolge ein. Gunther tritt als erster ein. Prünhilt übersieht diese Reihenfolge sowie alle anderen Hinweise auf ihre Rangordnung und begrüßt Sîvrit allein. Sîvrit weist sie höflich aber bestimmt zurecht:

"Vil michel iuwer genâde,   mîn vrou Prünhilt,
daz ir mich ruochet grüezen,   fürsten tohter milt,
vor disem edelen recken,   der hie vor mir stât.
Wand'er ist mîn herre.   Der êren het ich gerne rât. (420)

Er sagt hier *expressis verbis*, daß Gunther sein Herr ist, und er macht diese Aussage in aller Öffentlichkeit vor dem versammelten Hof Prünhilts. Um diesen Sachverhalt noch zu erhärten, erwähnt er Gunther noch einmal als "ein künec hêr" und behauptet, er hätte die Expedition gegen den eigenen Willen unternommen:

"ja gebôt mir her ze varne   der recke wolgetân:
môht'ich es im geweigert han,   ich het iz gerne verlân." (422,3-4)

In ihrer Antwort wiederholt Prünhilt Sîvrits unerwartete Behauptung der feudalen Abhängigkeit, jedoch im Konditional: "ist er dîn herre unt bistu sîn man." (423,1) Wenn also diese Unmöglichkeit doch der Wahrheit entspricht, muß Gunther trotzdem die Spiele durchmachen. Gewinnt er, so wird Prünhilt seine Frau; gewinnt sie, so stirbt er.

Sîvrits Hilfe bei den Spielen ist kein Bestandteil des "öffentlichen" Betrugs, da sie nur Gunther und Sîvrit bekannt ist, aber die folgende, sonst in der Nibelungendichtung unbekannte Episode paßt lückenlos in das Bild des feudalen Auxiliums. Obwohl Gunther die Spiele gewonnen hat, fürchtet Sîvrit, daß Prünhilt sich trotzdem weigern wird, mit ihnen nach Worms zu fahren. Um auf einen solchen Fall vorbereitet zu sein, reist Sîvrit nach Nibelungenlant und holt dort ein kleines Heer. Dies ist ein so klarer Fall von feudalem Dienst, daß Prünhilt unsicher wird, ob sie die Gäste persönlich grüßen muß; "her künec, ir sult mir sagen, sol ich die geste enpfâhen oder sol ich grüezen si verdagen?" (510, 3-4)

Die beiden wichtigen Episoden der Sîvritgeschichte, die keine Parallele in der Nibelungenüberlieferung aufweisen, der Sachsenkrieg und die Reise nach Nibelungenlant, beschreiben feudales *auxilium*, d.h. militärische Hilfeleistung. Im Sachsenkrieg führt Sîvrit selbst das Heer und läßt den König zu Hause sitzen. Bei der Reise nach Nibelungenlant holt Sîvrit seine eigene Leute, um Gunther im Falle von Widerstand zu helfen. Offensichtlich ist hier mehr im Spiel als ein einfacher Betrug an Prünhilt. Die überlieferte Geschichte braucht an dieser Stelle keine zusätzliche Dienstleistung. Gunther hätte auch ohne die Dienstmannfiktion um Prünhilt werben können. Der gesamte Betrug und die damit verbundene Trübung von gesellschaftlicher Rangordnung hat viel mehr mit der Welt, in der das schriftliche Epos entsteht, zu tun, als mit der alten Welt, aus der die überlieferte Sage stammt.

Während der Heimreise nach Worms leistet Sîvrit noch einmal öffentlich Dienst, und zwar auf einer sozialen Ebene, die tiefer steht als alle früheren Dienstleistungen. Gunther möchte eine Botschaft nach Worms schicken, um ihren Erfolg zu melden, und um die Hochzeitsfestlichkeiten vorzubereiten. Hagen wird gebeten, den Botendienst zu leisten, lehnt aber ab mit dem Hinweis "ich bin niht bote guot" (532,1). Er schlägt vor, "Nu bitet Sîfride füeren die boteschaft" (532,1). Botendienst ist sogar für Sîvrit, der bisher jede Art Dienstleistung bereitwillig ausgeführt hatte, zu viel. Gunther verlangt:

"Des ger ich an iuch Sîfrit: nu leistet mînen muot,
daz ich ez immer diene," sprach der degen guot.
dô widerredete iz Sîfrit, der vil küene man,
unz daz in Gunther sêre vlêgen began. (534)

Gunthers Sprache verrät, wie stark er sich an Sîvrits Gehorsam gewöhnt hat. Der Held lehnt aber diesmal ab und lenkt erst ein, wenn das Ziel seiner Bemühungen - Kriemhilt - erwähnt wird.

Bei seiner Ankunft in Worms erscheint Sîvrit vor Kriemhilt in einer Szene, in der die Spannung zwischen seinem tatsächlichen Status und seiner gespielten Rolle stark betont wird. Sîvrits erstes Wort, als er vor Kriemhilt und Uote erscheint, lautet "nu gebt mir botenbrôt!" (553,1) Sogar die scheinbar objektive Erzählerebene verrät etwas von der Problematik der Szene: "Si bat den boten sitzen: des was er vil bereit" (556,1). Ein Bote der angemessenen sozialen Schichten dürfte nie in Gegenwart einer königlichen Prinzessin und einer Königin sitzen. Es folgt nun eine scherzhafte Auseinandersetzung um den angemessenen Botenlohn für einen Boten so hohen Ranges.

> dô sprach diu minneclîche: "mir wære niht ze leit,
> ob ich ze botenmiete   iu solde geben mîn golt.
> dar zuo sît ir ze rîche"   ich wil iu immer wesen holt". (556, 2-4)

Die Verteilung von Geschenken zeigt gewöhnlich die Stellung der Person in der feudalen Rangordnung. Die Annahme des Geschenks bedeutete die Anerkennung des niedrigeren sozialen Status. Kriemhilt will Sîvrit nicht durch ein Geschenk erniedrigen. "Rîch" bedeutet im mhd. "politisch mächtig" und "von hohem sozialen Rang" und nicht nur "reich" im modernen Sinn. Sie will ihn mit ihrer Dankbarkeit belohnen, da Sîvrit selbst viel zu hoch steht, um ein normales Geschenk von ihr anzunehmen. Dies wäre dem freiköniglichen Status sowohl der Prinzessin als auch des Prinzen angemessen. Sîvrit aber besteht auf ein wirkliches Geschenk. Auch wenn er über dreißig Länder herrschte, würde er gerne ein Geschenk von ihr erhalten, mit anderen Worten, er wäre immer noch ihr Diener. Er unterstreicht die symbolische Bedeutung des Schenkens, indem er die kostbaren Sachen sofort an gesellschaftlich Niederstehende weiterschenkt. Die Szene schließt mit einem letzten Hinweis auf Sîvrits Dienst als Bote:

> Ez enwart nie bote enpfangen deheines fürsten baz.
> Getorste si in küssen, diu vrouwe tæte daz. (562, 1-2)

Sîvrit übernimmt dann die Leitung der Vorbereitung für das Hochzeitsfest. Dabei spielt er wieder die Rolle des Hauptvasallen Gunthers.

Bei der Ankunft Gunthers und Prünhilts läuft das von Sîvrit vorbereitete Fest in all ihrer Herrlichkeit ab und steuert ihrem Höhepunkt zu: der Vermählung Gunthers mit Prünhilt. Gunther ist mit seinem eigenen Triumph so beschäftigt, daß er Sîvrits Lohn vergißt. Sîvrit erinnert ihn daran und weist dabei auf seine "michel arebeit". Kriemhilt wird hereingeführt und während desselben Festes mit Sîvrit vermählt.

Beim nun folgenden Festmahl weint Prünhilt beim Anblick des anderen Paares. Trotz der eindeutigen Darstellung der gesellschaftlichen Problematik hat sich die Kritik sehr an dieser Szene erhitzt. Unter dem Einfluß der nordischen Fassungen will die Forschung hier einen Ausdruck von Eifersucht und Enttäuschung sehen, denn in diesen waren Sigurd und Brynhild tatsächlich verlobt schon lange vor Sigurds Ankunft in Worms. Möglicherweise spielt noch eine Spur der alten Bedeutung dieser Szene mit, aber der Nibelungendichter hat die ganze Episode gründlich umfunktioniert. Sîvrits Verrat geschieht auf politischer, nicht sexueller Ebene. Wir dürfen Prünhilt getrost glauben, wenn sie sagt:

> "Ich mac wol balde weinen", sprach diu schœne meit.
> "umbe dîne swester ist mir von herzen leit.
> die sihe ich sitzen nâhen dem eigenholden dîn.
> daz muoz ich immer weinen, sol si alsô verderbet sîn." (620)

Sie führt die soziale Herabstufung Sîvrits noch weiter, indem sie "man" durch "eigenholt" ersetzt. "Eigenholt" bedeutet meistens "Diener" und impliziert die Unfreiheit eines Ministerialen. Gunther bittet um Aufschub. Er will ja alles später erklären, aber Prünhilt weiß, daß "später" zu spät sein wird. Sie muß den Sachverhalt sofort erfahren:

"daz ich iu nimmer wolde geligen nâhen bî,
ir'n saget mir, wâ von Kriemhilt diu wine Sîvrides sî." (622, 3-4)

Gunthers Beteuerung, Sîvrit habe genau so viele Burgen und Länder wie er, sei überhaupt ein starker König im eigenen Recht, vertieft nur das Geheimnis und verstärkt Prünhilts Überzeugung, sie sei Opfer eines Betrugs. Ihr Argwohn ist auch der Grund, warum sie Gunther in der Hochzeitsnacht erniedrigt. Sie muß den wahren Sachverhalt erfahren, ehe sie ihre Jungfräulichkeit und dadurch ihre übermenschliche Stärke preisgibt.

Sîvrits erneute Hilfe für Gunther in der zweiten Brautnacht verändert die Situation. Prünhilt wird durch Sîvrits Stärke gezwungen, Gunther als Mann zu akzeptieren, und läßt sie glauben, er sei doch der für sie Bestimmte. Sie bleibt aber mit seinen Aussagen über Sîvrits Rang unzufrieden, da sie nach wie vor keine Erklärungen sind.

Obwohl sie sich nicht mehr aus eigener Kraft rächen kann, grübelt Prünhilt die Jahre hindurch über den Widerspruch zwischen dem Sîvrit, der sich an ihrem Hof als Gunthers "man" ausgegeben hat, und dem scheinbar unabhängigen König, der jahrelang keinen Tribut an seinen vermeintlichen Feudalherrn zahlt. Dieser Zustand existiert noch zehn Jahre nach der Abreise Sîvrits und Kriemhilts in Sîvrits eigenes Reich:

Nu gedâcht ouch alle zîte daz Guntheres wîp:
"wie treit et alsô hôhe vrou Kriemhilt den lîp?
Nu ist doch unser eigen Sîfrit ir man:
er hât uns nu vil lange lützel dienste getân". (724)

Der Dichter füllt an dieser wichtigen Stelle im Epos mehrere Strophen mit Prünhilts Grübeln und ihrem Wunsch, Sîvrit und

Kriemhilt nach Worms einzuladen. Da der Erzähler selten die Gedanken einer Figur verrät, dürfen wir nicht wie üblich diese Stelle einfach übergehen. Genau wie bei Prünhilts Tränen auf dem Hochzeitsfest haben die meisten Interpreten diese Stelle als versteckte Eifersucht gedeutet. Der Widerspruch zwischen Sîvrits in Islant vorgegebenem und dem durch seine tatsächliche Unabhängigkeit demonstrierten Status ist jedoch eine viel zu starke Dissonanz in der sonst harmonischen Welt der feudalen Ordnung, auf der ihre Selbstachtung und Macht aufgebaut sind.

Gunther lehnt zunächst mit Hinweis auf die große Entfernung ab. Prünhilt erwähnt wieder die vermeintliche Herrschaft über Sîvrit und spricht "mit listigen sitten":

"Swie hôhe rîche wære deheines küniges man,
swaz im gebüte sîn herre, daz sold' er doch niht lân". (728, 1-2)

Gunther verrät wieder, daß er die Wichtigkeit der Frage stark unterschätzt:

des ersmielte Gunther, dô si daz gesprach.
er'n jahes im niht ze dienste, swie dicke er Sîfriden sach. (728, 3-4)

Gunther willigt endlich ein, Sîvrit und die Seinen zum Hoffest nach Worms einzuladen.

Prünhilt versucht ein weiteres Mal, etwas über die mysteriöse soziale Struktur zu erfahren, indem sie Gêre, den Boten an Sîvrit und Kriemhilt, indirekt fragt, ob die Jahre als Untertanengattin ihre Schönheit und höfische "zühte" vermindert hätten:

"nu sagt mir, kumet uns Kriemhilt? hât noch ir scœener lîp
behalten iht der zühte, der si wol kunde pflegen?" (771, 2-3)

Gêre beantwortet wohlweislich nur die erste Frage.

Die ersten Tage des Hoffestes bleiben ungetrübt und Prünhilt verschweigt ihr brennendes Interesse, bis Kriemhilt anläßlich eines Turniers anfängt, ihren Mann über alle anderen zu loben. Bezeichnenderweise spricht Kriemhilt an erster Stelle von politischer Macht: "ich hän einen man, das elliu disiu rîche ze sînen handen solden stân" (815, 3-4). Bevor wir uns mit dem nun folgenden "Frauenzank" beschäftigen, müssen wir kurz einen Blick auf eine frühere Szene werfen.

Als sich Sîvrit und Kriemhilt nach der Hochzeit auf die Heimreise vorbereiten, entsteht eine Diskussion über die Verteilung der burgundischen Erbhaltungen. Kriemhilt erwartet, auch einen Teil - vermutlich ein Viertel - vom Erbreich für sich behalten zu können. Sîvrit lehnt gutmütig ab mit der Begründung, sein eigenes Erbreich wäre mehr als genug. Nun will Kriemhilt Hagen als Leibwache mitnehmen. Sie läßt sich auch dies ausreden, als Hagen auf sein Recht besteht, am burgundischen Hof zu bleiben. Kriemhilts (hier vergebliche) Forderungen haben offensichtlich das Ziel, sie als politisch Taktierende darzustellen. Die politischen Interessen liegen nicht nur auf Prünhilts Seite. Wenn wir die politischen Ziele der beiden Königinnen bedenken, ist es kein Wunder, daß der Frauenzank bis ans Äußerste geht.

Kriemhilts erste Behauptung beim Turnier wird zunächst mit einem sachlichen Hinweis begegnet: Sîvrit könne sowieso nicht über die burgundischen Länder herrschen, solange Gunther lebt. Kriemhilt wiederholt ihre Behauptung und erst dann macht Prünhilt den ersten, noch höflichen Gegenzug. Nach einer besänftigenden Einleitung: "Jane solt du mirz, Kriemhilt, ze arge niht verstân" (820,1), erwähnt Prünhilt die Tatsache, daß Sîvrit sich selbst als Vasall Gunthers bezeichnet hat:

dô jach des selbe Sîfrit   er wære 'sküneges man.
Des hân ich in für eigen,   sît ichs in hôrte jehen. (821,2-3)

Kriemhilts Erwiderung setzt voraus, daß Prünhilt sich einfach geirrt hat. Sie sagt, sie wäre schlecht geraten, wenn sie einen "man" geheiratet hätte. Sie verlangt, daß Prünhilt solche Rede einstellt. Prünhilt kann das nicht, da sie auf keinen Fall von ihrem Recht als Sîvrits Herrin Abstand nehmen möchte. Kriemhilt erwidert, daß Sîvrit noch nie Dienst für einen Herrn geleistet hat. Sie wiederholt ironisch Prünhilts eigene brennende Frage nach dem Tribut:

> Unde nimet mich immer wunder, sît er dîn eigen ist,
> unt daz du über uns beide so gewaltec bist,
> daz er dir sô lange den zins versezzen hât. (825,1-3)

Die politischen Spannungen der ganzen ersten Hälfte des *Nibelungenliedes* liegen hier klar umrissen. Da weder Kriemhilt noch Prünhilt genug vom wahren Sachverhalt begreifen, um die Sache aufzuklären, und jede von der Richtigkeit ihrer eigenen Position völlig überzeugt ist, bringen sie den Konflikt an die Öffentlichkeit.

In der vorwiegend schriftlosen Gesellschaft des 12. Jahrhunderts konnten öffentliche Auftritte politische, soziale und rechtliche Tatsachen schaffen, wo vorher keine existiert hatten. Wir haben schon den Gebrauch öffentlicher Demonstration beim Betrug an Prünhilt auf Isenstein gesehen. In dieser Szene versucht jede der beiden Königinnen durch Kleidung und Gefolge ihren eigenen Vorrang und dadurch den Vorrang ihres Mannes zu demonstrieren. Das Publikum erfährt, daß es sich um etwas Außergewöhnliches handelt, als die beiden Königinnen getrennt, und nicht wie bisher zusammen, auftreten. Bei der Ankunft vor dem Kirchentor eröffnen die beiden wieder den verbalen Krieg, als sie um den Vortritt kämpfen. Prünhilt greift Kriemhilt jetzt direkt an, als sie diese beiseite ordert: "Jâ sol vor küniges wîbe nimmer eigen diu gegân." (838,4) "Eigen diu" läuft hier parallel zum "eigenholt" der Hochzeitsszene. Hier wird eine vasallitische Abhängigkeit mit der Unfreiheit selbst gleichgesetzt. Kriemhilt erwidert mit der

Beleidigung, die sie bisher zurückgehalten hat: "wie möhte mannes kebse werden immer küniges wîp." (839,4) Prünhilt reagiert scharf:

> "Wen hâstu hie verkebset?" sprach dô des küniges wîp.
> "daz tuon ich dich", sprach Kriemhilt. "den dînen schœnen lîp
> den minnet' êrste Sîfrit, der mîn vil lieber man.
> jane waz ez niht mîn bruoder, der dir den magetuom an gewan.
> War kômen dîne sinne? Ez was ein arger list.
> zwiu lieze du in minnen, sît er dîn eigen ist?" (840; 841, 1-2)

Die Wirkung dieses Vorwurfs ist so stark, daß Kriemhilt ungehindert die Kirche vor Prünhilt betreten kann. Nach der Messe verlangt Prünhilt Beweise von Kriemhilt, die Ring und Gürtel von der zweiten Hochzeitsnacht vorzeigt. Ein zweites Mal spricht die öffentliche Demonstration stärker als jede verbale Behauptung der Streitenden.

Die nun folgende Szene zwischen Gunther und Sîvrit klärt nichts auf, da keiner von beiden ein Interesse an Aufklärung hat. Sîvrit bietet einen Eid an, daß er es nie "gerüemet" hat, mit Prünhilt geschlafen zu haben, aber Gunther läßt die Bereitschaft den Eid ersetzen. Gunther und Sîvrit wahren die Geheimnisse der Brautwerbung sowie der Brautnacht, aber sie haben die Spannungen, die zum Konflikt geführt hatten, keineswegs aus der Welt geräumt. Prünhilt weiß jetzt, daß sie irgendwie Opfer eines Betrugs war. Hagen übernimmt jetzt die Initiative für sie.

Obwohl die Begründung für den Mord an Sîvrit eine zentrale Frage der *Nibelungenlied*-Interpretation seit Jahrzehnten darstellt, ist keine *communis opinio* entstanden. An Vorschlägen hat es nicht gefehlt. Hat Hagen Sîvrit als Rivale für seine Stellung dem König gegenüber gesehen? Es muß aber bedacht werden, daß Hagen ihn in diese Position hineinmanövriert hat. Gunther könnte fürchten, daß sein einziger Mitwisser ihn verraten könnte, und willigt deshalb zum Mord ein. Prünhilt hat den stärksten Grund, unruhig zu sein. Die Motivationen, die sich aus dem Text des Epos ergeben, sind seltsam verwirrt und keine reicht aus, um den Mord zu rechtfertigen. Hagen geht in seiner Argumentation beim Mordrat von der Beleidigung Prünhilts aus. Wenn dies die Könige nicht überzeugt, geht er zum unermeßlichen Reichtum über, der ihnen bei Sîvrits Tod zufallen würde. Die Vielzahl der Gründe läßt die ganze Frage der Motivation seltsam ungewiß bleiben. Andere Versionen der Nibelungensage bauen den Mord auf Prünhilts Eifersucht auf und wir können nicht mit Sicherheit sagen, daß sie nicht auch in der dem Nibelungendichter bekannten Tradition maßgebend war. Unser Nibelungendichter hat fast jede Spur der Eifersucht zugunsten politischer Motivation getilgt. Der Hauptgrund in unserer hochpolitischen Fassung ist, daß Sîvrit seinen wahren Status leugnet und dadurch sein eigentliches Wesen aus der Sicht der mittelalterlichen Politik in Frage stellt. Seine wiederholte Dienstleistung vor Prünhilt hat seine gesellschaftliche Herabsetzung bestätigt und vergrößert die Diskrepanz zwischen der Aussage Sîvrits an ihrem Hofe und der Gunthers nach der Hochzeit. Wir erfahren nicht sehr viel über ihre Gedanken und Gefühle, aber wir erfahren immer wieder, daß die Statusfrage nach wie vor ihre wichtigste Sorge in Bezug auf Sîvrit bleibt.

Hugo Bekker hat Sîvrits Fehlleistung in Prünhilts Augen auf dem Gebiet der königlichen Herrschaft (kingship) gesucht. Richtige Ausübung der Herrschaft hätte Sîvrit zu ihr als Werber gebracht und er hätte sie für sich gewonnen. Sîvrit hat gegen das einzige Gesetz gesündigt, das ihrer Existenz eine Bedeutung gegeben hätte, nämlich gegen die Gesetze der königlichen Herrschaft, die die Kampfspiele von vorn herein notwendig gemacht haben. Solange Prünhilt überzeugt war, daß sie den größten aller Könige geheiratet hatte, konnte sie mit ihrem Los zufrieden sein. Sobald sie sicher ist, daß Sîvrit der größere der beiden Könige ist, daß er sie hätte gewinnen können, und daß er darauf verzichtet hatte, muß sie Sîvrits Tod anstreben. Sîvrit hat die beiden Werte, die ihrem Leben einen Sinn gegeben haben, in Frage gestellt. Diese sind die Ideale königlicher Herrschaft und der Wert ihrer eignen Person.

Bekkers These gewinnt neue Dimensionen, wenn wir sie im Licht der staufischen Politik betrachten. Sîvrit hat nicht nur seine angestammte königliche Macht vernachlässigt; er hat sich öffentlich als *dienestman*, als *ministerialis* ausgegeben, und dadurch das ganze Gewebe der Gesellschaft in Frage gestellt. Prünhilts Haltung steht für eine ganze gesellschaftliche Ordnung, die auf festen Werten und einer Übereinstimmung zwischen Sein und Schein aufgebaut ist. Prünhilt übergibt nach dem Frauenzank ihre Rolle als Stimme dieser Ordnung an Hagen, der den Mord für sie ausführt.

Der Nibelungendichter betont noch einmal das Motiv des *servitium* in einem auffallenden Stück narrativer Symmetrie. Sîvrit soll seine erste große Dienstleistung wiederholen. Als Bestandteil der Mordverschwörung lassen Gunther und Hagen einen erneuten Angriff von Liudeger und Liudegast vortäuschen und Sîvrit ist sofort hilfbereit, "daz ich iu gerne diene" (886,3a). Sîvrits eifrige Bereitschaft Dienst zu leisten, führt ihn in diese letzte Falle.

Hagen benutzt sofort Sîvrits Hilfsbereitschaft. Er bietet Kriemhilt an, Sîvrit im kommenden Kampf zu beschützen. Er benutzt diese List, um zu erfahren, wo Sîvrit verwundbar ist. Nachdem der Held den Drachen getötet hatte, hatte er sich im Blut des Ungeheuers gebadet und überall dort, wo er in Blut getaucht war, ist er unverwundbar. Ein Lindenblatt war ihm auf die Schulter gefallen, und es blieb diese eine Stelle vom Blut ungeschützt. Kriemhilt näht ein "kriuzelîn" an der betreffenden Stelle auf sein Kampfgewand, damit Hagen die Stelle besonders schützen kann. Die Stelle wird später das Ziel für Hagens Speer.

Ein letzter Hinweis auf die literarische Begründung für Sîvrits Tod steht unmittelbar vor Hagens trügerischem Stoß. Sîvrit und Hagen laufen um die Wette zur Quelle im Wald, aber der durstige Held gibt Gunther den Vortritt. Eine letzte Dienstleistung? Auf jeden Fall ein Beispiel für höfische *zuht*. Der Dichter bemerkt ironisch "Do engalt er sîner züchte." (980,1) Stephen Jaeger interpretiert diese Zeile als Stück einer heroischen Kritik an höfischen Werten. Es ist aber vielleicht noch wichtiger, daß Sîvrit hier im Zuge einer letzten Dienstleistung mit seinem Leben dafür zahlt, daß er seine königliche Würde so vollständig hinter höfisch-chevalreske Werte stellen konnte.

Dienst ist nicht nur ein wichtiges Element des politischen und gesellschaftlichen Lebens um 1200, er ist auch ein wichtiges Motiv der Literatur. Wie wir schon gesehen haben, beschäftigen sich die höfischen Romane - insbesondere die Hartmanns von Aue - mit dem Dienst als Eckpfeiler einer ritterlichen Ethik. Blicken wir hier einmal zurück auf das Vorkommen der beiden Hauptkonventionen der höfischen Epik, *minne* und *dienest*, im *Nibelungenlied*. Der Nibelungendichter betont immer wieder die Verbindung zwischen minne und der kommenden Katastrophe. Sîvrit ist allein durch minne motiviert, um Kriemhilt zu werben. Als Folge seiner Reinmar-minne leistet er immer wieder unstandesgemässen Dienst. Zunächst leistet er Kriegsdienst gegen die Sachsen und Dänen, was mit seiner ersten Begegnung mit Kriemhilt belohnt wird. Darauf folgt die Werbung um Prünhilt. Im Laufe der Reise nach Isenstein taucht das Dienstmotiv immer wieder auf. In Wort und Tat zeigt er, daß er Gunthers *man* ist. Die Tatsache, daß er der Einzige ist, der Prünhilt gewinnen kann, macht noch deutlicher, daß Sîvrit hier gegen die Natur der Dinge arbeitet, daß er die natürliche Bindung an Prünhilt verrät um der *minne* willen. Hinzu kommt Sîvrits *auxilium*, als er tausend seiner Mannen aus Nibelungenlant bringt, um Gunthers Rechte zu wahren. Auf dem Heimweg leistet er noch Botendienst, wenn auch etwas unwillig. Die Betonung der Dienstleistung in unserem Text schießt weit über das Notwendige hinaus. Wir müssen annehmen, daß diese Hervorhebung eine zentrale Rolle in der Thematik des hochmittelalterlichen Epos gespielt hat.

Sîvrits de facto Dienstverhältnis zu Gunther und die resultierende Katastrophe stellen die ganze Dienstethik der höfischen Epik in Frage. Will der Nibelungendichter den Dienst an sich verdammen? Eine so radikale Ablehnung scheint mir unwahrscheinlich, besonders in einer Gesellschaft, in der praktisch jedes Mitglied (außer dem König) in irgendeiner Art *ministerium* lebte. Die Frage ist eher die, ob ein König seine gesellschaftliche und politische Vorrangstellung durch Dienstleistung in Frage stellen darf. Sîvrit erreicht sein Ziel, das durch höfische Liebe vorgeschrieben ist, durch Dienstleistung, d.h. durch Vortäuschen einer gesellschaftlichen Stellung, die nicht die Seine ist. Diese Frage der gesellschaftlichen Rangordnung steht im Mittelpunkt der Sorgen Prünhilts und daher im Mittelpunkt der möglichen Motivationenen für Sîvrits Tod. Er verliert sein Leben, weil er bereit ist, sein gesellschaftliches und politisches Sein aufs Spiel zu setzen, um sein Liebesobjekt zu gewinnen, d.h. um die für ihn falsche Frau zu gewinnen. Die Wahl der eigentlich konservativen Form der mündlichen Heldenepik arbeitet zusammen mit der Kritik an der höfischen Ethik, um für die überkommene Gesellschaftsformen, gegen die in der höfischen Epik inhärenten Standesverwirrungen und für eine festetablierte Erbaristokratie zu plädieren.

Kapitel 6

DER BURGUNDENUNTERGANG

Die Kollision alter und neuer Gattungen bei der Sîvritgeschichte bietet wichtige Hinweise auf eine mögliche Interpretation der neuen hochmittelalterlichen Gestaltung der alten Geschichte im überlieferten Nibelungenepos. Das Ethos traditioneller Werte läßt sich mit der traditionellen poetischen Form aus der Mündlichkeit in Verbindung bringen, und es ist gegen den Hintergrund der alten Strukturen, daß die literarische Innovation in der Sîvritgestalt sichtbar wird. Sîvrits Minnebeziehung zu Kriemhilt läßt sich als Zitat aus der modischen Welt der höfischen Lyrik und Epik erkennen. Die Gattungsstrategie, die bei der Sîvritgeschichte angewendet wurde, wird in der zweiten Hälfte des Epos nicht wiederholt. Im Folgenden müssen wir nach den Gründen für diese Veränderung in der Erzählstrategie fragen.

Die Verbindung von Gattungsmerkmalen mit ethischen Mustern in der ersten Hälfte gibt uns aber einen Hinweis, wo wir die neue Erzählstrategie zu suchen haben. Literarische Vorbilder und ihre ethischen Implikationen spielen - wie wir bereits gesehen haben - eine bedeutende Rolle in der Gestaltung der Sîvritgeschichte. Die Betonung von *minne* und *dienest* nach dem Vorbild der höfischen Epik und Lyrik führen in der ersten Hälfte des Epos unmittelbar zum Untergang des Helden. Diesen neumodischen ethischen Motiven standen überkommene Gesellschaftsstrukturen und aristokratisches Verhalten gegenüber, die gesellschaftliche und politische Stabilität aufrecht erhalten wollten. Die zweite Hälfte des Epos baut auf den Gegensatz zwischen anderen sozialen und ethischen Vorbildern. Einerseits haben wir das alte heroische Muster, das wir auch in den nordischen Nibelungendichtungen vorfinden, und andererseits ein ethisches Verhalten, in dem großzügigere Geister trachten, Gewalt zu vermeiden und Frieden herbeizuführen. Die zerstörerische Macht des alten Ethos gewinnt hier, aber wir haben einen Ausblick auf Lösungen, die die Katastrophe hätten vermeiden lassen. Diese beiden Kräfte waren selbstverständlich auch in der Sîvritgeschichte zu beobachten, aber sie bestimmen die Entwicklung der Tragödie nicht wie im Burgundenuntergang, der zweiten Hälfte unseres Nibelungenepos.

Obwohl die Vorstellung jetzt ein wenig aus der Mode gekommen ist, war es lange ein Hauptsatz germanistischen Dogmas, daß die zweite Hälfte des *Nibelungenliedes* dem Nibelungendichter schon in großepischer (d.h. auch schriftlicher) Form vorlag. Andreas Heusler, der diese Lehre für die Germanistik am verbindlichsten formuliert hat, meinte, die erste Hälfte des Epos sei kurzen Liedern aus der mündlichen Überlieferung nacherzählt worden, während die zweite Hälfte eine voll entwickelte schriftliche Form hatte. Dieses Epos, das bei Heusler und seinen Nachfolgern den Titel "ältere Not" trug, ging mit nur oberflächlicher Überarbeitung in unser Epos ein. Ich muß gestehen, daß ich dieses Dogma anfangs sehr stark abgelehnt habe. Es paßte nicht in mein damaliges Bild vom *Nibelungenlied* als unmittelbare Niederschrift aus der Mündlichkeit. Erst eine intensive Beschäftigung mit der *Þiðrekssaga* überzeugte mich, daß die Brücke zwischen dem *Nibelungenlied* und der Saga weder in der mündlichen Überlieferung noch in einem direkten Einfluß des Liedes auf die Komposition der Saga sein konnte. Diese These stützt sich auf überlieferte Texte und nicht auf konstruierte Chimären Alle Züge des älteren Epos, die ich hier postuliere, stammen aus der *Þiðrekssaga* oder aus einem Vergleich zwischen dem *Nibelungenlied* und der Saga.

Mehrere interne Argumente stützen diese These. Erstens erkennt man einen deutlichen Unterschied in der Erzähldichte zwischen den beiden Hälften. Die zweite Hälfte bewegt sich in fast gerader Linie dem Ende zu, während die erste Hälfte mehrere fast voneinander unabhängige Erzählstrukturen aufweist. Mit Ausnahme vielleicht des Kampfes gegen die Bayern, finden wir in der zweiten Hälfte keine Episoden wie den Sachsenkrieg oder Sîvrits Fahrt ins Nibelungenlant.

Die Zielgerichtetheit des ganzen Epos unterstützt die Hypothese, daß die zweite Hälfte schon als feste Größe existierte, noch ehe die erste Hälfte literarische Form angenommen hatte. Wir haben schon gesehen, wie der katastrophale Schluß des Ganzen sich schon in den ersten Strophen ankündigt. Ohne die riesige Staatskatastrophe am Schluß wäre die Sîvritgeschichte kaum mehr als eine Familientragödie. Der Dichter weist wiederholt auf den kausalen Zusammenhang zwischen der Geschichte von Sîvrit und Kriemhilt und dem blutigen Untergang der Burgunden: "durch sîn eines sterben starp vil maneger muoter kint." (19,4) Aus dieser Überlegung allein ist es klar, daß die erste Hälfte des Epos ohne die zweite nur als individuelles Schicksal ohne weitreichende gesellschaftliche Relevanz verstanden worden wäre. Daß jedoch die Familientragödie die Zerstörung der ganzen Burgundischen Macht nach sich zieht, zeigt die katastrophale Auswirkung der gesellschaftlichen Unordnung in der Sîvritgeschichte.

Es ist aber durchaus möglich, den Burgundenuntergang als eigenständiges Werk mit nur einer knappen Andeutung der Sivritgeschichte vorzustellen. Ein solches Epos hätte unserem Nibelungendichter eine breite, detaillierte Quelle geboten und hätte wohl eine Länge von mindestens 500-800 Strophen besessen.

Es ist ein Gemeinplatz der *Nibelungenlied*kritik, daß die beiden Hälften der Epik eine gewisse Parallelität aufweisen. Beide Teile beginnen mit einer Brautwerbung und schließen mit einem katastrophal endenden Hoffest. Theodore Andersson hat auch darauf hingewiesen, daß bestimmte Episoden der ersten Hälfte nach dem Vorbild der zweiten gestaltet sind. An zentraler Stelle steht die Einladung zum Hoffest in beiden Teilen. An beiden Stellen überredet eine Königin ihren Mann, die fernen Familienmitglieder einzuladen. Die Königin verbirgt in beiden Fällen ihre wahren Motive und täuscht nur den Wunsch vor, die Gäste sehen zu wollen. Andersson zitiert auch eine ganze Reihe von Motiven in der Sîvritgeschichte, die nach vergleichbaren Stellen im Burgundenuntergang gestaltet wurden.

Hinzu kommt die Tatsache, daß die meisten auffallenden Unstimmigkeiten im Epos zwischen den beiden Teilen verteilt sind. Die Figur Hagens scheint sich in der zweiten Hälfte ins Positive verändert zu haben. Wir werden diese Entwicklung im nächsten Kapitel noch besprechen, aber viele Kleinigkeiten deuten auf ein unabhängiges Dasein für die zweite Hälfte. Prünhilt verschwindet fast völlig in der zweiten Hälfte und erscheint nicht einmal zum Abschied von ihrem Mann beim Aufbruch ins Hunnenland. Volker nimmt eine zentrale Stellung in der zweiten Hälfte ein, nachdem er in der ersten kaum erwähnt wird. Dankwart, der als Erwachsener bei der Werbung um Prünhilt mit dabei war, behauptet auf der Etzelnburc, er sei "ein wenic kindelîn" zehn Jahre später bei der Ermordung Sîvrits.

Neben den internen Beweisen finden wir externe in der norwegischen *Þiðrekssaga af Bern*, der Geschichte Dietrichs von Bern. Die Nibelungensage nimmt in der Saga beträchtlichen Raum ein, und die Darstellung des Burgundenuntergangs läuft auf lange Strecken parallel zum *Nibelungenlied*. Die Saga datiert um 1250 und der Autor sagt ausdrücklich, daß er seinen Stoff aus deutschen Quellen schöpft. Die Forschung hat eine längere Debatte geführt zwischen der These Friedrich Panzers, der die Saga unmittelbar von unserem Epos abschreiben läßt, und der Andreas Heuslers, der eine gemeinsame Quelle - eben die oben erwähnte *ältere Nôt* - für Saga und Epos annimmt. Panzer schrieb die Unstimmigkeiten zwischen den beiden überlieferten Texten dem Einfluß nordischer Fassungen der Sage sowie dem Unvermögen des Sagamannes zu. Heusler fand sein wichtigstes Indiz für die Existenz der *älteren Not* in der Tatsache, daß die Parallelität zwischen dem *Nibelungenlied* und der Saga erst am Anfang des Burgundenuntergangs beginnt. Die vielen Einzelheiten, die sowohl in der Saga als auch im Epos auftauchen, machen ein enges Verhältnis beider Texte mehr als wahrscheinlich. Die Entwicklung der Motive deutet ebenfalls auf eine gemeinsame Quelle, und nicht auf eine Bearbeitung des Epos durch den Sagamann. Ein Beispiel dafür ist die Rolle des Etzelkindes beim Ausbruch der Feindseligkeiten. Als im *Nibelungenlied* Kriemhilt das Kind hereinbringen läßt, bemerkt der Erzähler:

Dô der strît niht anders kunde sîn erhaben
(Kriemhilt ir leit daz alte in ir herzen was begraben),
dô hiez si tragen ze tische den Etzelen sun.
wie kunde ein wîp durch râche immer vreislîcher tuon? (1912)

Diese Strophe hätte nur Bedeutung gehabt, wenn sie vor der Version in der *Þiðrekssaga* gestanden hätte. Dort schickt Grimhild den Sohn hin, mit dem Befehl, Högni (Hagen) ins Gesicht zu schlagen. Das Kind führt den Befehl aus, ihm wird aber vom Helden verziehen, da er weiß, daß das Kind nicht allein auf diese Idee gekommen wäre. Nur bei einem wiederholten Schlag reagiert Högni tödlich auf die Beleidigung. Im *Nibelungenlied* stirbt das Kind als Rache für die Ermordung der Knappen, die von Dankwart berichtet wird, als er blutüberströmt in die Halle hereinstürzt. Kriemhilt bleibt nach wie vor Anstifterin des Angriffs, aber in der Version des *Nibelungenliedes* spielt das Kind keine aktive Rolle mehr. Wie kann also Kriemhilts Tat hier als "vreislîche" bezeichnet werden, und was hat ihr Befehl, Etzels Sohn zum Tische zu bringen, mit der Rache zu tun? Aus diesen Unstimmigkeiten können wir ersehen, daß die Vorlage des Nibelungendichters eine der *Þiðrekssaga* näherstehende Fassung enthielt als unser Epos.

Keines dieser Indizien reicht aus, um die Existenz der "älteren Nôt" zu beweisen, aber zusammengenommen bilden sie ein starkes Argument dafür. Nehmen wir also an, daß der Burgundenuntergang eine unabhängige schriftliche epische Quelle hatte, was für die Sîvritgeschichte eher unwahrscheinlich ist.

Bedeutet dies, daß wir das *Nibelungenlied* als zwei getrennte Epen ansehen müssen? Gewiß nicht. Der Dichter, den wir bisher als Nibelungendichter bezeichnet haben, der Dichter, der die Sîvritgeschichte den großepischen Dimensionen der "älteren Nôt" angeglichen hat, hat auch diese zweite Hälfte gründlich überarbeitet, um sie seiner Vorstellung vom Ganzen anzupassen. Die Bedeutung dieser Überarbeitung wird im nächsten Kapitel dargelegt, wenn wir die Entwicklung der Figur Hagens betrachten. So wie er mit der überlieferten Sîvritgestalt verfahren ist, hat er ebenfalls dem überlieferten heroischen Hagen neue Züge verliehen.

Die Unterschiede im Kompositionsvorgang zwischen den beiden Hälften sind für unser Verständnis der beiden Geschichten von größter Bedeutung. Die Sîvritgeschichte wird in manchen Zügen *gegen* die Tradition erzählt. Der Dichter konnte ein traditionelles Sîvritbild ansprechen, das in den groben Zügen feststand, aber im Detail verschwommen, d.h. von der Darstellungskunst des einzelnen Sängers abhängig blieb. In der zweiten Hälfte aber hatte er einen festen Text als Folie für sein neues Werk. Er konnte das alte Epos als Hauptquelle benutzen, während er kleine, aber bedeutende Änderungen im Detail vornahm. Es ist unmöglich, das verlorene Epos zu rekonstruieren, aber in der *Þiðrekssaga* finden wir ein ungefähres Bild des früheren Werks. Die Unterschiede zwischen der Saga und dem Epos sind an manchen Stellen so frappant, daß wir aktive Erfindung auf der einen oder der anderen Seite annehmen müssen. Da der Sagamann selten etwas erfunden zu haben scheint, können wir die meisten Neuerungen getrost dem Nibelungendichter zuschreiben.

Ich möchte noch einige Bemerkungen zum älteren Epos machen. Wir müssen bedenken, daß es - genau wie das überlieferte *Nibelungenlied* - ein aufwendiges Unternehmen darstellte. Dieselben Überlegungen, die uns gezwungen haben, im *Nibelungenlied* ein geplantes und gestaltetes Literaturwerk zu erkennen, gelten in fast gleichem Maße für das ältere Epos. Von unserer Warte aus können wir seine Entstehung weder räumlich noch zeitlich lokalisieren, aber wir können annehmen, daß es ein Werk war, das seinen Stoff unmittelbar von der Mündlichkeit übernommen hatte, vielleicht noch weniger verändert als die Sîvritgeschichte im späteren Werk. Ich glaube nicht, daß es viel, d.h. mehr als ein paar Jahrzehnte älter war als das überlieferte Epos. Es ist sogar möglich, aber unwahrscheinlich, daß es vom selben Dichter stammte wie unser Epos. Wenn dies der Fall wäre, dann hat er in der Zeit zwischen den beiden Werken ganz neue Anliegen entwickelt. Die eifrige Arbeit der Germanistik im Laufe der letzten beiden Jahrhunderte hat keinen durchgehenden Unterschied im Stil zwischen den beiden Hälften des Epos gefunden, also müssen wir eine gründliche Überarbeitung durch den letzten Dichter annehmen. Wir müssen also mit Vorsicht arbeiten, damit wir die methodischen Fehler der Heuslerschule nicht wiederholen und ein nichtexistierendes Werk analysieren. Wir können nur mit den tatsächlich vorhandenen Unterschieden zwischen dem *Nibelungenlied* und der *Þiðrekssaga* arbeiten.

Der Vergleich der beiden überlieferten Texte ergibt ein ungefähres Bild des verlorenen Epos. Es stand auf jeden Fall den Gattungserwartungen der traditionellen mündlichen Epik viel näher als unsere Texte. Mit einer Länge von 500-800 Strophen wäre es vielleicht möglich gewesen, es im Laufe eines einzigen langen Abends vorzulesen. Beziehungen zur neuesten literarischen Mode der höfischen Epik werden ebenfalls gefehlt haben, da diese Fassung mit höchster Wahrscheinlichkeit schon vor der großen Modewelle chevalresker Literatur aus Frankreich feststand. Die Figuren standen auch wohl den Stereotypen der mündlichen Epik näher.

In den nächsten Kapiteln wenden wir uns der Überarbeitung des verlorenen Epos in "unserem" *Nibelungenlied* zu. Dabei müssen wir berücksichtigen, daß das alte Epos reine historische Hypothese ist, die aber wichtige Fragen sinnvoll zu beantworten scheint. Die Fassung des Burgundenuntergangs ("Niflunga Saga") in der *Þiðrekssaga* ist sicher nicht identisch mit der im alten Epos, aber es ist deutlich, daß sie sich nicht vom *Nibelungenlied* ableiten läßt. Da die *Þiðrekssaga* um einige Jahrzehnte jünger ist als das *Nibelungenlied*, kann das Epos das Material nicht von der Saga übernommen haben. Es bleibt allein die Wahrscheinlichkeit, daß die "ältere Nôt" den Stoff für beide literarische Überarbeitungen geliefert hat.

Kapitel 7

HAGEN UND DIE HEROISCHE TRADITION

Die Gestalt Hagens dominiert im Burgundenuntergang noch stärker als Sîvrit in der ersten Hälfte des Epos. Geht man vom Fokus der narrativen Kamera aus, steht Hagen immer im Mittelpunkt. Er ist in praktisch jeder Szene präsent und sein Name erscheint weit häufiger als irgend ein anderer. Trotz seiner zentralen Rolle bleibt er für den modernen Leser problematisch. Man ist nicht daran gewöhnt, daß eine Figur in einer mittelalterlichen Erzählung in solchem Maße wie Hagen gute und böse Züge aufweist. Wir erwarten einen Helden oder einen Bösewicht, und assozieren den Antihelden oder die gemischte Figur mit modernerer Literatur.

Es gibt Hinweise, daß Hagen auch für sein zeitgenössisches Publikum ein Problem dargestellt hat. Sowohl die *Nibelungenklage* als auch die Fassung C des *Nibelungenliedes* versuchen dieses zu lösen, indem sie Hagen zum eindeutigen Bösewicht umgestalten.

Ist Hagen wirklich nur ein Bösewicht? Hätte das Epos mit Sîvrits Tod aufgehört, wäre die Antwort eindeutig. Dort erscheint er als Meuchelmörder, der seinen Gegner von hinten angreift. Er beraubt danach sogar die trauernde Witwe. Schlimmer geht's nicht. Wenn wir von diesem Hagenbild ausgehen, dann muß sein Auftreten im Burgundenuntergang, wo er eine wahrhaft heroische Rolle spielt, schlecht zum Vorigen passen. Beim Zug ins Hunnenland erscheint Hagen in höchst positivem Licht:

Dô reit von Tronege Hagene   z'aller vorderôst.
er was den Nibelungen   ein helflîcher trôst. (1526, 1-2)

(Von dieser Stelle an heißen die Burgunder Nibelungen. Dies ist vielleicht auch ein Indiz, daß der Burgundenuntergang eine unabhängige Quelle hatte.)

Würde das *Nibelungenlied* mit dieser Strophe anfangen, wäre die Frage nach dem Protagonisten gar nicht erst aufgekommen. Hagen steht im Zentrum der Handlung vom Aufbruch von Worms bis zum Ende. Der Mord an Sîvrit hat auch hier einen anderen Stellenwert als in der ersten Hälfte. Er erscheint hier als eine heroische Tat, die Hagens Ruhm sogar verstärkt.

Hagens Rolle im Burgundenuntergang läßt sich vielleicht am besten durch Archer Taylors "biographical pattern" des Heldenlebens verstehen. Vergleichende Mythenforscher verschiedenster Richtungen haben immer wieder festgestellt, daß heroische Lebensläufe in unterschiedlichen Kulturen ähnliche Züge aufweisen. Es ist unwichtig, ob es sich um Archetypen des kollektiven Unbewußten, um indoeuropäisches Erzählgut oder einfach um das allgemeine Los des Menschen handelt. Für unsere Zwecke genügt es, daß das Muster weit verbreitet ist, und daß Hagen viele Züge des traditionellen Heldenmusters aufweist.

Der Protagonist eines Heldenepos ist *per definitionem* ein Held. Obwohl eine Figur wie Hagen oft die positiven Eigenschaften eines Helden im gewöhnlichen Sinn des Wortes vermissen läßt, ist ein Protagonist, der die Stationen eines Heldenlebens durchläuft, strukturell der Held der Geschichte. Wenn wir den Burgundenuntergang als eigenständiges Heldengedicht sehen, dann ist Hagens Rolle eindeutiger. Der Dichter des überlieferten Epos stand also einem fertigen Kunstwerk gegenüber, das einen voll entwickelten epischen Helden als Protagonisten aufwies. Seine Arbeitsweise war analog, aber nicht identisch, zu der, die er bei der Sîvritgeschichte angewendet hatte. Diese hatte ja nur in der beweglichen Textgestalt der mündlichen Epik existiert. Wenn die *ältere Nôt* ein literarisch auskomponiertes Bild der Heldengeschichte Hagens beinhaltet hatte, konnte er detaillierter mit dem überlieferten Bild spielen. Er sah sich aber mit dem Problem konfrontiert, daß er praktisch das ganze alte Gedicht verarbeiten mußte, da es sicher bei den Zeitgenossen einen gewissen Status erreicht haben wird. Hagen ist der Held im Burgundenuntergang des *Nibelungenliedes*, einerseits, weil er der Held der Quelle war, und andererseits, weil er einen bestimmten Typ im neuen epischen Gebilde darstellen mußte. Die Übereinstimmung mit dem international bekannten Heldenbild soll seine Rolle verdeutlichen.

Dem Hagen des *Nibelungenliedes* fehlt die tradionelle erste Episode des Heldenlebens, die außergewöhnliche Geburt und Jugend, aber andere Zeugnisse der Sage weisen diesen Zug unmißverständlich auf. So ist in der *Þiðrekssaga* Hagens Vater ein Alb, der die Königin beim Nachmittagsschlaf im Garten überwältigt hatte. Sowohl die *Þiðrekssaga* als auch das lateinische Epos *Waltharius* berichten, daß der junge Hagen als Geisel am Hof Etzels gelebt hatte. Obwohl wir keine Wundertaten des Jungen kennen, erfüllt diese Zeit im Ausland auch die strukturelle Forderung nach einer Jugend fern der Heimat. Dieser Zug kennzeichnet Helden vom antiken Ödipus bis zum nordischen Sigurðr.

Joseph Campbell bezeichnet das international vorkommende Muster des Heldenlebens als "monomyth" und widmet dem Phänomen ein materialreiches Buch, *The Hero with a Thousand Faces*. Dort verzeichnet er parallel laufende Heroengeschichten aus der ganzen Welt. Zentral im Heldenleben ist "das große Abenteuer". Hagens Taten in der zweiten Hälfte des *Nibelungenliedes* entsprechen ziemlich genau die von Campbell beschriebenen Stadien. Bei der ersten Herausforderung zögert der Held oft, diese anzunehmen. Als Wärbel und Swemmel Etzels Einladung vorbringen, rät Hagen zunächst gegen die Reise. Er errinnert seine Herren an Kriemhilts unstillbaren Rachedurst. Alle übrigen Ratgeber Gunthers sind dafür, die Einladung anzunehmen:

> âne Hagen eine. dem was ez grimme leit.
> er sprach zem künige tougen: "ïr habt iu selben widerseit.
> Nu ist iu doch gewizzen, waz wir haben getân.
> wir mugen immer sorge zuo Kriemhilde hân,
> wand ich sluoc ze tôde ir man mit mîner hant.
> wie getorste wir gerîten in daz Etzelen lant?" (!458, 3-4; 1459)

Gunther entgegnet, daß der Frieden, den er und seine Brüder mit Kriemhilt geschlossen haben, halten werde, und daß sie ihre Rachepläne längst aufgegeben habe. Hagen läßt sich nicht überzeugen, aber Gernot fordert ihn in einer Weise heraus, die er nicht einfach übergehen kann:

> Dô sprach zuo dem râte der fürste Gêrnôt:
> "sît ir von schulden fürhtet dâ den tôt
> in hiunischen rîchen, solde wirz dar umbe lân,
> wir ensæhen unser swester, das wære vil übele getân." (1462)

(Die Wörter "von schulden" haben hier eine doppelte Bedeutung. Einerseits bedeuten sie einfach "aus gutem Grunde," aber die wörtliche Bedeutung "weil du schuldig bist" galt ebenfalls.)

> sô sult ir hier belîben unt iuch wol bewarn,
> unt lâzet, die getürren, zuo mîner swester mit uns varn. ((1463, 3-4)

Hagen kann es nicht zulassen, hier als Feigling gesehen zu werden, und so übernimmt er seine normale Stellung als Führer des Heers. Damit verhindert er, daß jemand anders die Burgunden in diese Situation führt.

Nach dem Aufbruch zum großen Abenteuer empfängt der Held in Campbells Darstellung übernatürliche Hilfe, oft in Form einer Weissagung. Diese Mitteilung vom Jenseits zeichnet den Helden aus. Hagen weiß vorläufig nicht, wie er das riesige Heer über die Donau transportieren kann. Bei seiner Suche nach einer Fähre am Fluß entlang trifft er auf zwei "merwîp" beim Baden. Er nimmt ihre Kleidung und verlangt

Auskunft von ihnen. Nachdem sie ihm gesagt haben, wie und wo er die Fähre finden kann, geben sie ihm weitere, weniger willkommene Auskunft:

> Jâ soltu kêren widere; daz ist an der zît,
> wand'ir helde küene alsô geladet sît,
> daz ir sterben müezet in Etzelen lant.
> swelhe dar gerîtent, die hant den tôt an der hant." (1540)

Hagen glaubt ihnen nicht und verlangt ein Zeichen. Sie weissagen, der Kaplan sei der einzige aus der großen Schar, der heil nach Hause kommen wird. Hagen wirft bei der Überfahrt den Armen in die Fluten der Donau, um die Weissagung zu prüfen. Obwohl er nicht schwimmen kann, wird der Kaplan an das gegenüberliegende Ufer geschwemmt, damit er nach Worms zurückkehren kann.

Selten ist der Übergang über Wasser, der symbolische Übergang ins Totenreich, so eindrucksvoll erzählt worden wie hier im *Nibelungenlied*. Hagen, sich jetzt ihrer tödlichen Zukunft bewußt, spielt von nun an die Rolle des Helden. Zunächst erschlägt er den Fährmann, rudert allein die mehr als zwanzigtausend Mann über die mit Hochwasser reißende Donau und zerstört dann die Fähre, um das Schicksal der Expedition zu demonstrieren. Campbell nennt die Barriere zwischen der normalen Welt und der übernatürlichen Welt des Abenteuers "die erste Schwelle."

Jenseits der Schwelle findet der Held "Finsternis, das Unbekannte und Gefahr." Diese Alptraum-Welt erscheint eindrucksvoll im nächtlichen Kampf mit den Bayern Else und Gelpfrât und ihrem Heer, die den erschlagenen Fährmann rächen wollen. Hagen kämpft gegen diese Feinde mit einer kleinen Nachhut. Gunther und die anderen erfahren erst bei Tagesanbruch von der Schlacht, als sie Blut auf Hagens Rüstung erblicken.

Die nun folgenden Idyllen in Passau und Bechelâren bieten zwar eine Ruhepause im "großen Abenteuer," aber die Herausforderungen für den Helden setzen erneut bei der Ankunft in

Etzelnburc ein. Hier erkennt der Held seinen Gegner. Als die Burgunder vor der Burg ankommen, will Dietrich von Bern sie vor der lauernden Gefahr warnen:

> "Sît willekomen, ir herren, Gunther und Gîselher,
> Gêrnôt und Hagene, sam sî her Volkêr
> unt Dancwart der vil snelle ist iu daz niht bekant?
> Kriemhilt noch sêre weinet den helt von Nibelunge lant." (1724)

Als die Gäste vor Etzel und Kriemhilt erscheinen, bittet die Königin sie, ihre Waffen abzulegen. Hagen lehnt schroff ab und Kriemhilt schöpft Verdacht:

> "Owê mîner leide", sprach dô vrou Kriemhilt.
> "war umbe wil mîn bruoder und Hagen sînen schilt
> niht lâzen behalten? Si sint gewarnôt.
> Unt wesse ich, wer daz tæte, er müese kiesen den tôt. (1747)

Nur Dietrich reagiert auf diese Drohung. Er bekennt offen, daß er sie gewarnt hat, und bringt seinen eigenen Trotz der Königin gegenüber zum Ausdruck:

> Des antwurte ir mit zorne der fürste Dietrîch:
> "ich binz, der hât gewarnet, die edeln künege rîch
> und Hagen den küenen, den Burgonden man.
> Nu zuo, vâlandinne, du solt michs niht geniezen lân." (1748)

Nachdem Dietrich ihr Vorhaben verraten hat, hat sie keine Möglichkeit mehr, die Burgunder zu überraschen.

Obwohl diese negative Darstellung der Figur Kriemhilts gut vorbereitet ist, erschwert es unser heutiges Bild mittelalterlicher Erzählkonventionen, in einer Frau den Haupkontrahenten des Helden zu erkennen. Diese Problematik ist nicht neu. Schon die ersten Bearbeiter unseres *Nibelungenliedes* im Mittelalter (besonders der Bearbeiter der Fassung *C) bemühten sich, die negative Seite der Kriemhiltdarstellung herunterzuspielen, während man versuchte, Hagen möglichst negativ zu zeichnen. Helmut de Boor, der Herausgeber der Standardausgabe unseres Epos, sah in Dietrichs Bezeichnung von Kriemhilt als "vâlandinne" einen Fehler des "letzten Dichters". Seiner Meinung nach gehörte dieses Schmähwort nur zur letzten Trutzrede Hagens, es sei also hier fehl am Platz. Diese Bemerkung ist symptomatisch für eine ganze Generation, die in dem Dichter unseres Epos den fast inkompetenten Bearbeiter einer vermutlich viel besseren Vorlage sah. Die Szene ist jedoch sehr kunstvoll aufgebaut und es gibt gute Gründe, Kriemhilts dämonische Seite schon an dieser Stelle zu betonen. Vielleicht ist Dietrichs Rede auf einer "realistischen" Ebene tatsächlich fehl am Platz, aber sie dient hier strukturell als klare Markierung der neuen Rolle Kriemhilts als teuflische Gegnerin Hagens.

Diese Szenen, die die Ankunft im Hunnenland und die erste Nacht schildern, erfüllen meisterhaft den Zweck, Hagen als Helden und Kriemhilt als seine Gegnerin zu bestätigen. Hagen ist offensichtlich bei den Hunnen bekannt, weil er Sîvrit erschlagen hatte. Jeder will den Mann sehen, der den "sterkest aller recken" besiegt hatte. Als Hagen vor der Menge erscheint, finden wir die einzige wirkliche physische Beschreibung einer Figur im ganzen Epos:

Der helt was wol gewahsen, daz ist alwâr,
grôz was er zen brusten, gemischet was sîn hâr
mit einer grîsen varwe. diu bein wâren im lanc
und eislîch sîn gesihene. er hete hêrlîchen ganc. (1734)

Die Beschreibung ist besonders eindrucksvoll, da sie sich mit Beschreibungen anderer Helden aus germanischen Quellen, wie etwa den isländischen Sagas, deckt. Ein Sagaheld, der viele Gemeinsamkeiten mit Hagen besitzt, ist Egil Skallagrímsson. Er gehört auch zum Typus des "dunklen Helden". Solche Helden können sowohl großen Schaden anrichten als auch außerordentliche positive Taten vollbringen. Wie Hagen stürzt sich Egil selbst ins Verderben. Er dichtet beleidigende

Strophen gegen mächtige Könige und verwickelt sich in Fehden und Kämpfe, die ihn an sich nichts angehen.

Vor einer solchen Schlacht bemüht sich Egil, in der Nähe seines Bruders zu bleiben. Der König (der englische König Athelstan) läßt die Brüder vor der Schlacht in verschiedene Richtungen schicken. Egil ahnt nichts Gutes bei dieser Anordnung und tatsächlich fällt sein Bruder Þorolfr in der Schlacht. Nachdem er den Bruder begraben hat, kehrt Egil an den Königshof zurück.

> Egil setzte sich dort nieder und stellte den Schild vor seine Füße. Er hatte den Helm auf dem Kopf und legte sich das Schwert über die Knie und zog es immer wieder zur Hälfte heraus und stieß es dann wieder in die Scheide. Er saß aufrecht da und hatte den Kopf stark nach unten gebeugt. Egil hatte ein großes Gesicht, eine breite Stirn, mächtige Augenbrauen, die Nase nicht lang, aber sehr dick, große Bartflächen und starke Lippen, ein überaus breites Kinn und auch solche Kinnbacken, einen kräftigen Nacken und so mächtige Schultern, daß er damit unter anderen Männern auffiel und er war von barschem und grimmigem Aussehen, wenn er zornig war. Er war von gutem Wuchs und größer als alle anderen Männer, hatte dichtes wolfsgraues Haar und bekam früh eine Glatze. (Schier, *Egilssaga*, S. 126)

Sieht man vom der Glatze ab, paßt diese Beschreibung ziemlich genau auf Hagen. Es ist unwahrscheinlich, daß die beiden Werke sich beeinflußt haben, da sie weit voneinander entfernt innerhalb von etwa zwei Jahrzehnten entstanden sind. Es ist viel eher möglich, daß die beiden Beschreibungen aus dem traditionellen Erzählgut der germanischen Sprachen stammen. Die Beschreibungen erscheinen auch nicht an beliebiger Stelle im Gesamtwerk, sondern an einer dramatisch hochbrisanten Stelle. Egils Schwertgestus ist eine offene Drohung an den König, den er für schuldig am Tod des Bruders hielt. Seine Körperhaltung ist sogar ein Teil der Drohung und ein einmaliger Rahmen für diese Beschreibung. Hagen wird erst dann beschrieben, wenn er dort ankommt, wo er wenig später den Tod finden wird. Eine Drohung ist auch hier implizite sowohl in der Tatsache, daß er als Sîvrits Mörder weit und breit bekannt ist, als auch in seiner hartnäckigen Weigerung, die Rüstung abzugeben.

Die Lebensläufe von Hagen und Egil gehören zum Muster des "dunklen Helden" aus der germanischen Epik. Die Gestaltung ganzer Lebensläufe gehören zu den weniger gut erforschten Erscheinungen der mündlichen Epik. Man könnte das Muster mit der von Parry als "Theme" bezeichneten Ballung von Erzählelementen evtl. in Verbindung bringen. Gewöhnlich bildet diese Ballung so etwas wie eine typische Szene, aber man könnte das Muster eines Lebenslaufs in ähnlicher Weise beschreiben. An Stelle der Motive, die eine traditionelle Schlachtbeschreibung oder Beratungsszene bilden, treten hier die Elemente, die ein Heldenleben ausmachen. Bei der Hagenfigur handelt es sich um einen "dunklen" Helden. Wenn wir einen "strahlenden" Helden wie Sîvrit etwa mit dem Gott Balder assoziieren können, dann ist es ebenso leicht, den dunklen Helden mit dem Gott Odin, dem Gott der Schlachten und des Todes in Verbindung zu bringen. Der dunkle Held partizipiert an Odins schlauer Weisheit, seiner Nähe zum Jenseits, und in manchen Fällen seinem Aussehen. Odin wird immer als Einäugiger dargestellt, da er das eine Auge gegen Wissen an Mimirs Quelle eingetauscht hatte. In der *Þiðreksaga* finden wir den Hinweis, daß Hagen ebenfalls einäugig ist.

Der Rest des Epos ist dem titanischen Kampf zwischen Hagen und Kriemhilt gewidmet, in dem Abertausende von Rittern und Knappen sterben. Dieser Kampf erscheint schon klar umrissen in der großartigen Szene, in der Hagen und Volker Kriemhilt offen herausfordern, indem sie sich weigern, vor ihr aufzustehen. Hagen und sein engster Freund Volker sitzen in einem Hof, als Kriemhilt sich in Begleitung von mehreren Rittern nähert. Höfisches Benehmen verlangt, daß die beiden Vasallen vor der Königin aufstehen. Als Hagen sich nicht bewegt, erinnert ihn Volker an seine höfische Pflicht:

> "Nu stê wir von dem sedele", sprach der spileman:
> "si ist ein küneginne; und lât si für gân.
> bieten ir die êre; si ist ein edel wîp.
> Dâ mit ist ouch getiuret unser ietweders lîp." (1780)

Hagen lehnt ab:

> "Nein durch mîne liebe", sprach aber Hagene:
> "sô wolden sich versinnen dise degene,
> daz ichz durch vorhte tæte, und sold' ich hin gên.
> ich enwil durch ir deheinen nimmer von dem sedele stên.
> Jâ zimet ez uns beiden zewâre lâzen baz.
> zwiu sold' ich den êren, der mir ist gehaz?
> daz engetuon ich nimmer, die wîle ich hân den lîp.
> ouch enruoch' ich, waz mich nîdet des künec Etzelen wîp."
> (1781-2)

Kriemhilt beachtet die Beleidigung nicht und fordert Hagen mit einer anderen Begründung heraus, indem sie fragt, wer ihn eingeladen hätte. Seine Herren seien eingeladen worden, sagt er, und er komme immer dorthin mit, wo sie hingehen. Kriemhilt springt nun zur zentralen Frage und wirft ihm vor, Sîvrit getötet zu haben. Zum ersten Mal bekennt sich Hagen offen zur Tat:

> Er sprach: "waz sol des mêre? der rede ist nu genuoc.
> ich binz aber Hagene, der Sîfriden sluoc,
> den helt zu sînen handen. wie sêre er des engalt,
> daz diu vrouwe Kriemhilt die schœnen Prünhilden schalt!
> Ez ist âne lougen, küneginne rîch,
> ich hân es alles schulde, des schaden schedelîch.
> nu rechez, swer der welle, ez sî wîp oder man.
> ich enwolde danne liegen, ich hân iu leides vil getân." (1790-1)

Hagens offene Herausforderung reißt die zivilisierende Schicht höfischen Benehmens auf, als er sich zum bisher geleugneten Mordanschlag bekennt. Der Weg steht jetzt offen für die große Auseinandersetzung zwischen dem Vasallen und der Königin.

Die Welt nächtlicher Gefahr, die wir beim Kampf gegen die Baiern schon erlebt haben, kehrt nun in der Szene wieder, wo Hagen und Volker die Wacht halten, um die Nibelungen vor einem Angriff der Hunnen unter Kriemhilts Führung zu schützen. Für Hagen und Kriemhilt ist der offene Kampf schon ausgebrochen. Die Übrigen (Volker ausgenommen) setzen das normale Leben hoher Gäste am fremden Hof fort, bis der Überfall auf die Knappen den Kampf in aller Öffentlichkeit zum Ausbruch bringt. Als Dankwart die Nachricht von dem Überfall in die Königshalle bringt, hat Kriemhilt eben ihren jungen Sohn Ortlieb hereinbringen lassen. Hagen nimmt sofort Rache für die Knappen, indem er den Kopf des Knaben abschlägt und ihn in den Schoß der Mutter rollen läßt. Diese Tat der vollkommenen Barbarei beendet jegliches zivilisiertes höfisches Benehmen. Nachdem Dietrich Etzel und Kriemhilt aus der Halle geführt hat, wütet der Kampf, bis der letzte Hunne im Saal gefallen ist. Das Chaos herrscht nun vollkommen.

Während der nun folgenden Tage und Nächte, während des Saalbrands, während der endlosen Schlachten, in denen fast alle Burgunder und viele Kämpfer der Gegenseite fallen, bleibt Hagen der "trôst der Nibelunge," der gefürchtetste aller Kampfpartner und der klare Gegenpol zu Kriemhilt. Sie läßt ihrerseits den Kampf immer wieder auflodern, indem sie die Mannen ihres Mannes zum sicheren Tod gegen ihre Brüder und deren Vasallen schickt. Sie sieht ihre beiden jüngeren Brüder im Laufe der großen Schlacht sterben. Endlich steht sie ihrem Widerpart am Ende des Gemetzels allein gegenüber.

Diese letzte Szene ist der logische Abschluß des Kampfes zwischen dem dunklen Helden und der "vâlandinne." Nachdem Dietrich die beiden, Gunther und Hagen, besiegt und gefesselt hatte, werden die beiden vor Kriemhilt geführt, die sofort das verlangt, was man ihr genommen hatte. Hagen entgegnet, er habe Eide geschworen, das Versteck des Hortes nie preiszugeben, solange einer seiner Herren am Leben sei. Darauf läßt Kriemhild ihren Bruder töten. Sie trägt den abgeschlagenen Kopf vor Hagen und fordert erneut den Hort. Hagen kann jetzt seinen Widerstand zum Ende ausspielen:

> Alsô der ungemuote sînes herren houbet sach,
> wider Kriemhilde dô der recke sprach:
> "du hâst iz nâch dînem willen z'einem ende brâht,
> und ist ouch rehte ergangen, als ich mir hête gedâht.
> Nu ist von Burgonden der edel künec tôt,
> Gîselher der junge unde ouch her Gêrnôt.
> den schaz den weiz nu niemen wan got unde mîn:
> der sol dich, vâlandinne, immer wol verholn sîn." (2370-71)

Die Wiederholung der Beleidigung "valandinne" schließt einen Bogen mit der ersten Nennung des Epitheton durch Dietrich und umrahmt damit die blutige Auseinandersetzung und unterstreicht ein letztes Mal, wie wir diesen Kampf zu verstehen haben. Hagen ist der menschliche - vielleicht allzumenschliche - Held und Kriemhild ist der dämonische Gegner. Kriemhilt beweist sofort die Richtigkeit von Hagens Bezeichnung, indem sie Sîvrits Schwert von seiner Seite zieht und ihm den Kopf abschlägt.

Die zentrale Figur im Burgundenuntergang ist Hagen, und seine Geschichte wird nach dem überlieferten Muster eines Heldenlebens gestaltet. Die einfachste Erklärung für Hagens Stellung im Burgundenuntergang ist, daß er der Held der *älteren Nôt* war. Das Vorhandensein des Heldenmusters in der Hagengeschichte ist eine der besten Indizien, daß die *ältere Nôt* doch existiert hat. Unser Nibelungendichter hat die überlieferte Geschichte, in der Hagen die tragische Heldenrolle spielte, umgestaltet und dabei neue Elemente hineinmontiert, die das Scheitern von Hagens altmodischem Heldentum erklären sollen.

Der Vergleich mit dem international verbreiteten traditionellen Heldenmuster beleuchtet Hagens Stellung im Epos. Hinzu kommen viele heroische Leistungen Hagens, aber wir finden fast genauso viele Fehlleistungen, die seinen Status zu untergraben scheinen. Sehen wir zunächst einmal vom "feigen" Angriff auf Sîvrit ab, der ja von der Tradition vorgeschrieben war. Ein normaler Sterblicher hätte Sîvrit sowieso nicht direkt angreifen können. Auch der Überfall auf den Fährmann an der Donau wird auch, als Beispiel für Hagens unheldenhaftes Betragen zitiert, aber hier müssen wir bedenken, daß dies ein Teil von dem mythisch angehauchten Übergang ins Totenreich bildet. Den Fährmann kann man vielleicht sogar als Reflex des Charon, des Fährmanns des altgriechischen Totenreichs, verstehen. So gesehen ist Hagens Angriff auf den Fährmann ein Angriff auf den Tod selbst.

Hagens zentrale Rolle im Burgundenuntergang steht außer Frage. Er beherrscht die Handlung vom Ausgang aus Worms bis zur Schlußszene. Hinzu kommt die Tatsache, daß er an dem oben beschriebenen Archetypus partizipiert, der international die erzählte Heldenkarriere gestaltet. Am Ende des Epos ist Hagen die Gestalt, die wir noch im Gedächtnis tragen, und wir sind mit Etzel einer Meinung:

"Wâfen", sprach der fürste, "wie ist nu tôt gelegen
von eines wîbes handen der aller beste degen
der ie kôm ze sturme oder ie schilt getruoc!
swie vînt ich im wære, ez ist mir leide genuoc." (2374)

Die vielen Szenen, in denen Hagen hervortritt, lassen dieses Urteil und die darauffolgende Tötung Kriemhilds durch Hildebrant als gerechtfertigt erscheinen. Im Verlauf der unaufhaltsamen Entwicklung zum Burgundenuntergang fühlen wir uns mehr und mehr mit dieser Figur verbunden. Wir bewundern seinen Mut, seine Treue, seine Intelligenz, und - wenigstens im Falle seiner Beziehung zu Rüedeger - seine Humanität. Hagen ist eine Gestalt von archetypischer Stärke und einmaliger Anziehungskraft, die uns gleichzeitig anzieht und abstößt. Diese Qualitäten verbinden ihn mit den tragischen Helden des Altertums.

Er besitzt auch den tragischen Fehler des antiken Heros. Es ist genau dieser *übermuote*, dieser *hybris*, den Aristoteles als typischen Fehler des tragischen Helden erkannt hat. Der Nibelungendichter hat subtil sein Bild eines großen Mannes, der seinem Schicksal ausgeliefert ist, unterminiert, indem er die Fehler des *übermuote* und die Angst, schwach zu erscheinen, als unmittelbaren Antrieb seiner Tragödie fungieren läßt. Immer wieder hat Hagen eine Gelegenheit die Katastrophe abzuwenden, wird jedoch durch seinen Hochmut zurückgehalten, diese wahrzunehmen. Wir werden einige dieser Gelegenheiten in den nächsten Kapiteln besprechen und dabei beobachten können, wie der Dichter seine Technik der Gegenüberstellung gebraucht, um Hagens Hochmut hervorzuheben.

In mehreren germanischen Erzählwerken des Mittelalters finden wir Gestalten, die wir "dunkle Helden" nennen könnten. Sie sind weder "lichte" Typen wie Sîvrit oder Beowulf, noch sind sie im modernen Sinne Anti-Helden, die das Heroische auf den Kopf stellen. Sie folgen einem anderen heroischen Typus, in dem die großen Leistungen sowohl positiv als auch negativ bewertet werden können. Die negativen Leistungen (Hagens Mord an Sîvrit, Egils Angriffe auf den norwegischen König) lassen sie schlecht als positive Verhaltensvorbilder in einer zivilisierten Gesellschaft erscheinen, aber sie verbieten keinesfalls, daß eine solche Figur einerseits die strukturelle Heldenrolle eines Erzählwerks bekleidet und andererseits die Bewunderung der Rezipienten eines solchen Erzählwerks hervorruft. Die Zuhörer/Leser unseres Epos teilten bestimmt die Erwartungsgefühle der Hunnen, die auf die Ankunft der Burgunder warten:

> dô wunderte dâ zen Hiunen vil manegen küenen man
> umbe Hagen von Tronege, wie der wære getân.
> Durch daz man sagete mære (des was im genuoc),
> daz er von Niderlande Sîfriden sluoc,
> sterkest aller recken, den Kriemhilde man.
> des wart michel vrâge ze hove nâch Hagene getân. (1732,3 - 1733)

Hier läßt sich erkennen, daß Bewunderung mit Angst einhergeht. Dieses gemischte Bild des Helden war offensichtlich auch das Ziel des Dichters. Hagen ist gleichzeitig der tragische Held des Burgundenuntergangs und der Vertreter einer tragisch einseitigen Ethik. Die folgenden Kapitel werden auch zeigen, daß Hagen - trotz seiner zentralen Rolle im Burgundenuntergang - keineswegs das ethische Vorbild war, das der Dichter ins beste Licht rücken will.

Der Dichter betont an einigen Stellen, daß Hagen nicht allen Situationen gewachsen ist. Eine Szene wie die der nächtlichen Schlacht mit den Bayern wäre für einen übermenschlich dimensionierten Helden wie Sîvrit schlichtweg unmöglich. Hier gerät Hagen in Bedrängnis und muß seinen Bruder zu Hilfe rufen:

Dô begunde er ruofen Dancwarten an.
"hilf mir, lieber bruoder, jâ hât mich bestân
ein helt ze sînen handen, der'n lât mich niht genesen."
do sprach der küene Dancwart: "des sol ich scheidære wesen."
(1613)

Dies ist nur eine von mehreren Situationen, in denen Hagen um Hilfe bitten muß oder nachteilig mit einem anderen Krieger verglichen wird. In der oben beschriebenen Konfrontationsszene zwischen Hagen und Kriemhilt lobt die Königin den Spielmann über seinen älteren Kampfgenossen:

Swie starc unt swie küene von Tronege Hagen sî,
noch ist verre sterker, der im dâ sitzet bî,
Volkêr der videlære, der ist ein übel man.
jane sult ir die helde nicht sô lîhte bestân. (1768)

Als Kämpfer ragt Volker auch in der Schlacht in der Halle noch viel öfter als Hagen heraus. Es ist auch Volker, der den ersten Hunnenkrieger noch lange vor dem Ausbruch offener Feindseligkeiten erschlägt. Hagen ist es jedoch, der sozusagen als heroischer Motor das ganze Geschehen antreibt. Volker wäre nie so aus der Menge hervorgetreten, wenn Hagen ihn nicht zum besonderen Kampfgenossen erwählt hätte. Die Heldenrolle ist eine narrative Struktur, nicht einfach eine Ansammlung von physischen Fähigkeiten und Kampfesmut. Volker ist nur ein hervorragender Krieger, während Hagen die für die Erzählung notwendige Heldenrolle durchspielt.

Wenn wir Hagens Rolle als tragischen Helden betrachten, sollten wir uns bewußt machen, daß Tragödie an sich dem christlichen Mittelalter ziemlich fremd war. Wer im rechten Glauben stirbt, ist schon erlöst - kein tragisches Ende - und wem der Glaube fehlt, ist Heide, unserer Sympathie unwürdig. Lutz Mackensen vertritt die These, daß Tragödie im späteren Mittelalter wieder dadurch möglich wird, daß im Laufe der Zeit das Gefühl der Sicherheit im christlichen Glauben und im mittelalterlichen Gesellschaftgefüge nachläßt. Er sieht die Tragödie des *Nibelungenliedes* als Reaktion auf die durch die Doppelwahl von 1198 hervorgerufene Unsicherheit im Reichsgefüge. Es ist durchaus möglich, daß diese Unsicherheit eine Rolle in der literarischen Gestaltung der Nibelungensage gespielt hat, wie wir bereits bei den politischen Implikationen der Sîvritgestalt gesehen haben. Eine zweite Möglichkeit bietet aber die aus der Predigt entwickelte Gattung des Exemplum, das durch eine Geschichte entweder ein positives oder negatives Beispiel vorführt; am beliebtesten waren sicher die negativen. Hier konnte der Untergang einer hochstehenden Person durch seinen tragischen Fehler (Sünde) dargestellt werden. Hagen demonstriert die Todsünde *superbia* (Hochmut) durch seine starre Haltung und seine Angst davor, Angst zu zeigen. Sein tragischer Fehler, seine Sünde ist ein Bestandteil des heroischen Ethos, das er auch sonst verkörpert. Hagens Untergang ist gleichzeitig eine tragische Bewegung (Katastrophe) der Art, die wir auch aus dem antiken Drama kennen und auch die Kritik eines mittelalterlichen Christen an einem implizite sündhaften Ethos.

Ähnlich wie die Sîvritfigur das chevalreske Ethos in Frage stellt, hebt die Hagenfigur die Fragwürdigkeit des überlieferten Krieger-Held-Ethos hervor. Hagens Hochmut läßt sich mit dem Hadubrands im althochdeutschen *Hildebrandslied* vergleichen. Hadubrand, der starrköpfige Sohn Hildebrands, trifft seinen Vater als Gegner auf dem Schlachtfeld. Der Sohn begegnet den Versuchen seines Vaters, ihn über ihre Verwandtschaft aufzuklären, mit kriegerischen Plattitüden. Seine Inflexibilität führt dazu, daß der Vater gegen ihn in den Kampf ziehen muß, wo er vermutlich gezwungen wird, seinen Sohn zu töten (der Schluß fehlt im Gedicht). Hagen teilt auch mit dem Roland des *Rolandsliedes* seine starr-heroische Haltung und Angst davor, feige zu erscheinen. Der Roland-Dichter stellt den vernünftigen und ausgeglichenen Oliver neben Roland, um Rolands Haltung noch mehr in Frage zu stellen. Diese Beispiele zeigen, daß die Hagenfigur zu einer gut etablierten Tradition gehört, die das heroische Ethos als praktisches Beispiel für das wirkliche Leben in Frage stellt. Hagen erscheint nicht als Hitzkopf wie etwa Ortwin oder Wolfhart, aber er besitzt das, was Karl Heinz Ihlenburg als "einseitiges Pflichtgefühl" bezeichnet hat Noch wichtiger ist, daß er als klarer Repräsentant des "übermuote" , der Todsünde *superbia,* gelten kann. Spätere, einfachere Dichtungen zeigen dies in Figuren wie Alphart (*Alpharts Tod*) und Ecke (*Eckenliet*). Ein Kennzeichen, das unseren Helden von allen anderen unterscheidet, ist sein Alter und, damit verbunden, seine Erfahrung. Wir können ihn nicht mit jugendlicher Unerfahrenheit entschuldigen. Wir sehen darin nur eine blinde Abhängigkeit von einem einseitigen Kriegerethos, das als Ideal bei der Ritterschaft des späten 12. Jahrhunderts weitergelebt haben könnte, das aber unser Dichter in Frage stellen wollte.

Kapitel 8

KRIEMHILT

Herrin des Epos?

Die Gestalt der Kriemhilt hat seit dem Mittelalter die Aufmerksamkeit der Leser auf sich gezogen. Mindestens zwei Handschriften benutzen ihren Namen als Titel für das ganze Werk. Die Tatsache, daß Kriemhilt am Anfang und am Ende des Epos steht, hat auch bei modernen Lesern den Eindruck erweckt, sie sei doch die Hauptfigur. Hinzu kommt der verständliche Wunsch, starke Frauengestalten in den Hauptwerken der mittelalterlichen Literatur zu finden. Sowohl Kriemhilt als auch Prünhilt sind als starke Frauengestalten zu erkennen, aber beide haben eine eher sekundäre Funktion innerhalb der großen Handlung des Epos. Kriemhilt fungiert zweimal als Objekt einer Brautwerbung, Prünhilt einmal. Der Streit der beiden Königinnen spielt eine zentrale Rolle in der Sîvritgeschichte und führt zu dessen Tod, aber die Führung der Handlung fällt schnell wieder in die Hände der Männner zurück. Schließlich treibt Kriemhilts Anstiftung zur Rache im Burgundenuntergang die Handlung zum unausweichlichen Ende.

Ein Indiz für die Zentralität einer Figur ist oft die Häufigkeit ihres Erscheinens vor der erzählenden Kamera. Kriemhilt steht zwar im Mittelpunkt der ersten erzählten Szene, aber diese Szene baut auch eine Lesererwartung auf die Figur Sîvrits schon auf und weist auf die Katastrophe am Ende des Epos hin. Kriemhilt sehen wir auch kurz bei Sîvrits Ankunft, die jedoch ebenfalls eine rhetorische Erhöhung der Sîvritgestalt bildet. Die erste Begegnung zwischen Sîvrit und Kriemhilt zeigt die Frau im Mittelpunkt, aber sie spielt hier die Rolle eines durch die Augen der Männer wahrgenommenen Minneobjekts. Bis zum Aufbruch nach Nibelungenlant erscheint Kriemhilt immer nur in einer Nebenrolle bei den Auftritten Sîvrits. Bevor sie in ihre neue Heimat reist, versucht sie, Erbansprüche an ihre Brüder zu stellen. Diese werden schnell von Sîvrit als unnötig in den Wind geschlagen.

Der Frauenzank, wie er traditionell in der Forschung heißt, wird unerwarteterweise von Kriemhilt begonnen, obwohl Prünhilts Wunsch nach Aufklärung der politischen Abhängigkeitsverhältnisse hinter der Situation stand. Wir haben hier nicht so sehr einen Streit zwischen machthungrigen Frauen, als die Gegenüberstellung der beiden von Sîvrit inszenierten Wirklichkeiten. Die Frauen wollen beide nur das, was ihnen zusteht. Kriemhilt läßt sich zwar zu überzogenen Vorstellungen hinreißen, aber die eigentliche Auseinandersetzung geht um den gesellschaftlichen Rang Sîvrits und hier haben beide Königinnen objektiv recht, wenigstens im Rahmen der ihnen gegenüber dargestellten Wirklichkeit(en). Kriemhilt setzt den Streit mit anderen Mitteln fort und benutzt dabei eine zweite, von Sîvrit nur lückenhaft dargestellte Wirklichkeit, die Geschichte von Ring und Gürtel, als Trumpf. Wir erfahren nirgends im Epos, was Sîvrit seiner Frau wirklich über diese Trophäen erzählt hat. Vom Erzähler wissen wir, daß Prünhilt zwar ein zweites Mal von Sîvrit betrogen wurde, aber das ihr Vorgeworfene doch nicht "begangen" hat. Sîvrit ist bereit zu schwören, daß er "ez" nicht "gerüemet" hat, also muß Kriemhilt diesen Vorwurf aus den Anzeichen selbst entwickelt haben. Mit dem öffentlichen Vorwurf verliert Kriemhilt wieder jeden Einfluß auf die Entwicklung des Geschehens. Sie tritt in der nun folgenden Mordhandlung nur am Rande auf, indem sie Sîvrits verwundbare Stelle an Hagen verrät.

Erst nach Sîvrits Tod steht Kriemhilt wieder im Mittelpunkt der Handlung. Ihre Gefühle und Handlungen werden hier ausführlich erzählt. Sie verhindert den Versuch eines Racheanschlags von den Xantenern. Sie erfährt durch die Bahrprobe "objektiv" die erst viel später eingestandene Schuld Hagens. Sie lehnt Sigmunds Einladung ab, mit ihm nach Hause zu ziehen. Der Versuch Sigmunds, sie zum Mitgehen zu überreden, nimmt mehrere Strophen in Anspruch. Giselher bietet ihr ebenfalls eine von den Übrigen unabhängige Existenz an.

Hagen setzt die Verhandlungen in Bewegung, die zur formellen Beilegung der "Feindschaft" zwischen Kriemhilt und ihren Brüdern (wobei er selbst ausgeklammert bleibt) führt. Er tut dies, um den Nibelungenschatz nach Worms bringen zu lassen, was er auch in eigener Regie durchführt. Kriemhilt verteilt Geschenke aus dem Schatz, um die Unterstützung auch "unkunder recken" zu bekommen. Hagen fürchtet, daß dieser Machtzuwachs zu einem Racheschlag führen könnte und leitet eine neue Verschwörung mit den Brüdern ein, die zum Hortraub und dessen Versenkung in den Rhein führt. Die Brüder reiten wohlweislich "aus," um Komplizenschaft leugnen zu können.

Die beiden Aventiuren 18 und 19 verlaufen etwas oberflächlich und schematisch nach den wirksam erzählten Episoden vom Frauenzank und dem Mord an Sîvrit. Kriemhilt gibt keine plausible Begründung für ihre Ablehnung von Sigmunds Einladung, mit ihm nach Hause zu ziehen, wo sie nicht nur ihre frühere Machtstellung behalten sondern auch ihren Sohn bei sich haben würde. Man kann sich des Eindrucks nicht erwehren, daß viele Handlungszüge in diesen Aventiuren nur da sind, um die weitere Entwicklung der Erzählung zu ermöglichen. Die Geschichte vom Burgundenuntergang braucht eine Kriemhilt in Worms und einen für sie (bzw. für ihren Mann Etzel) nicht ohne Weiteres erreichbaren Schatz. Diese Situationen werden geschaffen, und die Spannung zwischen Kriemhilt und Hagen nimmt zu. Das eigenartige Verhältnis zu ihren Brüdern wird ebenfalls vertieft. Sie hat gute Beziehungen zu Giselher (und meistens auch zu Gernot) und versöhnt sich wenigstens formell mit Gunther. Trotzdem beteiligen sich alle drei am Ausritt, der den Hortraub ermöglicht. Sie nehmen auch am Eid teil, der in der großen Schlußszene mit Hagen eine wichtige Rolle spielt:

Ê daz von Tronege Hagene den schaz alsô verbarc,
dô heten siz gevestent mit eiden alsô starc,
daz er verholn wære, unz ir einer möhte leben.
sît enkunden sis in selben noch ander niemen gegeben. (1140)

Kriemhilt setzt ihr Klagen "mit iteniuwen leiden" fort. Der Dichter beschränkt die Schuld aber nicht auf Hagen. Der Grund für ihr Leiden ist einerseits "ir mannes ende" und andererseits "dô si ir guot / alsô gar genâmen," wobei das Pronomen in der Mehrzahl die Mitschuld der Brüder impliziert.

Die Handlung kommt wieder in Bewegung als der Witwer Etzel um Kriemhilt wirbt. Als Witwe behält sie die Entscheidungsfreiheit und ihr Gespräch mit Rüdeger ist von zentraler Bedeutung für ihre Rachepläne. Die narrative Kamera begleitet sie nun bis Etzelnburc und bleibt bei ihr, bis sie erst nach zehn Jahren die Einladung an die Brüder und Hagen bewirken kann. Kriemhilts Einladung, die zum Burgundenuntergang führt, spielt strukturell und praktisch dieselbe Rolle wie Prünhilts Einladung in der Sîvritgeschichte. Nach dem Auszug der Boten Wärbel und Swemmel wird sie nur in relativ kurzen Szenen erscheinen, die nun zur Hagengeschichte und nicht mehr zu ihrer eigenen gehören.

Das Problem Kriemhilt ist schon im Mittelalter brisant. Der höfische Redaktor der C-Fassung arbeitetet am Text des Epos selbst, um Kriemhilts positive Seite hervorzuheben und Hagens negative Seite zu betonen. Eine auffallende Strophe ist sogar für die *B-Fassung eine starke Verdammung Kriemhilts und stammt, wie im vorigen Kapitel angedeutet, wahrscheinlich aus einer früheren Version der Geschichte, in der das Kind als Auslöser für den Streit gebraucht wurde.

Dô der strît niht anders kunde sîn erhaben
(Kriemhilt ir leit daz alte in ir herzen was begraben),
dô hiez si tragen ze tische den Etzelen sun.
wie kunde ein wîp durch râche immmer vreislîcher tuon? (1912)

Kriemhilts teuflische Absichten werden sogar vom sonst sich objektiv gebenden Erzähler negativ kommentiert. Der Revisor des C-Textes entfernt Kriemhilts Schuld von dieser Szene und überträgt alles auf Hagen. Die zitierte Strophe wurde gestrichen und wir erfahren nur, daß das Kind hereingebracht wird. Die letzte Zeile der folgenden Strophe erhält durch diese Änderung ein ganz neues Gewicht: "des muose das kint ersterben durch sînen [Hagens] mortlîchen haz." Der C-Revisor fügt auch später eine Strophe ein, die Kriemhilt für das Schlimmste entlasten soll:

> Sine het der grozen slahte also niht gedaht,
> sie het ez inir ahte vil gerne dar zuo braht,
> daz niwan Hagene aleine den lip da hete lan.
> da geschvof der vbel tivvel deiz vber si alle muose ergan. (C, 2142, nach Batts)

Diese Zeilen erscheinen allerdings erst nach dem Hinschlachten Tausender unbewaffneter Knappen!

Andererseits finden wir in der Kriemhilt des *Rosengarten zu Worms* (vielleicht ein halbes Jahrhundert nach dem *Nibelungenlied*) eine Parodie der Figur. Hier erscheint sie als Sîvrits Verlobte, eine Rolle, die sie im *Nibelungenlied* nie spielt. Sie läßt eine Einladung zum Turnier an die Etzel- und Dietrichhelden ergehen, um sie gegen Sîvrit und die Burgunden antreten zu lassen. Die Turnierkämpfe werden um höfische Ehre ausgetragen und der jeweilige Sieger soll "ein halsen und ein küssen" von Kriemhilt erhalten. Einige der Kämpfe gehen tödlich aus. Sie ist zwar hier keine Teufelin, aber ihre Mißachtung menschlichen Lebens ist auch in diesem Text auffallend. Wilhelm Grimms Deutsche Heldensage verzeichnet noch eine ganze Reihe von Stellen, in denen der Name Kriemhilt für das böse Weib schlechthin steht. Johann von Neumarkt, der Kanzler des Kaisers Karl IV, beschreibt in seinen Briefen eine Frau, die ihren Gatten umgebracht hatte, deswegen als "Chrimildis." (W. Grimm, S. 314)

Der Dichter der vermutlich ersten Fassung unseres *Nibelungenliedes* (der Fassung *B) hat die Kriemhildfigur höchst wahrscheinlich in zwei verschiedenen Richtungen umgestaltet. Einerseits mußte sie zur Minnedame Sîvrits idealisiert werden. Hier wird ihre Schönheit über die aller anderen Frauen gehoben. Ihr eigentliches Handeln im ersten Teil ist weniger ideal. Sie verkörpert immer wieder materialistische Ansprüche, die Sîvrit fern waren. Ihr Wunsch, Hagen und andere Vasallen nach Nibelungenlant mitzunehmen, zusammen mit einem Anspruch auf einen wesentlichen Anteil am Burgundenerbe, werden von Sîvrit für unnötig erklärt. Sie werde Reichtum und Dienerschaft weit über diese Ansprüche in Nibelungenlant genießen. Ihre Ansprüche auf Land und Leute spielen auch im Frauenzank eine beträchtliche Rolle. Der erste Teil des Epos endet mit dem Verlust des letzten wesentlichen Teils ihres durch Sîvrit erworbenen Reichtums, des Nibelungenhorts.

Ihr sehr aktives Betreiben ihrer Rachepläne ist wohl auch eine Neuerung dieser Fassung *B. Wenn die *Þiðrekssaga* den Inhalt der *älteren Nôt* richtig wiedergibt, dann brauchte sie keine List, um den geldgierigen Attila zur tückischen Einladung der Brüder (mit Högni) zu bewegen. Sie wird allerdings zur blutdurstigen Rächerin in den grausamen Szenen nach der Schlacht, als sie eine brennende Fackel in den Mund ihres jüngsten Bruders stößt, um herauszufinden, ob er noch lebt, und ihn dabei tötet. Im *Nibelungenlied* muß Etzel außerhalb der Rachepläne bleiben, da er noch einen letzten Rest politischer Stabilität in der chaotischen Welt des Burgundenuntergangs verkörpert.

Durch die Aufwertung Kriemhilts zur Minnedame und die gleichzeitige Abwertung zur Racheteufelin gestaltet unser Nibelungendichter eine neue komplexe Figur, die immer wieder zu Interpretation reizt. Diejenigen, die Kriemhilt zur Hauptfigur einer Tragödie machen wollen, sind der Frau zum Opfer gefallen, der auch Sîvrit verfallen ist. Der Dichter der *B-Version hat aus den disparaten Kriemhilt-Figuren eine fast überzeugende Figur geschaffen, aber sein Erfolg hat uns nur von der Zentralstellung der beiden Helden abgelenkt. Zweifellos sah unser Dichter diese Kriemhilt als willkommenes Bindeglied, das die Siegfriedgeschichte mit dem Burgundenuntergang verbindet. Sie aber zur Hauptfigur einer Geschichte, in der sie in weniger als ein Viertel der Szenen auftritt, machen zu wollen, heißt, die wirklich zentralen Figuren des Epos zu vernachlässigen..

Ein wichtiges Beispiel dafür bilden die Interpretationsversuche für die im vorigen Kapitel erwähnte Hortforderungsszene. Joachim Heinzle deutet in einem Aufsatz ("Gnade für Hagen") auf die Widersprüche in den bisherigen Interpretationen der Szene hin und weist auf die Absurdität von Kriemhilts Angebot, Hagen und Gunther wieder nach Hause gehen zu lassen, wenn Hagen ihr nur den Nibelungenschatz wiederbringt. Heinzle leitet von diesen Interpretationsschwierigkeiten die ebenso absurde Feststellung ab, diese Szene sei ein "erzähltechnische[s] Defekt" und einfach nicht mit herkömmlichen Mitteln zu interpretieren. Das Problem liegt im Blickwinkel des Interpreten. Wenn man *a priori* voraussetzt, Kriemhilt sei die zentrale Figur dieser Szene, dann gibt sie tatsächlich wenig Sinn. Außerdem verpaßt unser Dichter eine treffsichere Gelegenheit, das Pathos seiner Kriemhiltdarstellung aufs Äußerste zu treiben. Hagen begründet seine erste Weigerung, den Schatz preiszugeben, mit dem Eid seinen Herren gegenüber, das Geheimnis solange zu wahren, wie einer von ihnen am Leben bleibt. Kriemhilt geht sofort, um ihren letzten lebenden Bruder zu beseitigen.

"Ich bringez an ein ende", sô sprach daz edel wîp.
dô hiez si ir bruoder nemen den lîp.
man sluoc im ab daz houbet; bî dem hâre si ez truoc
für den helt von Tronege. dô wart im leide genuoc. (2369)

Nüchterner geht's nicht. Das einzige Pathos bezieht sich hier auf Hagens Gefühle! Hier zeigt sich, aus welcher Sicht diese Szene zu interpretieren ist. Kriemhilts Angebot ist die *tempta-*

tio pacis, die letzte Prüfung des Helden, nicht in erster Linie das letzte Wüten einer durch Rache wahnsinning gewordenen Frau. Etzels Nachruf auf "den aller beste degen, der ie kom zu strîte oder ie schilt getruoc" (2374) bestätigt Hagens Rolle als Held des Burgundenuntergangs und dieser Szene. Die Vorstellung einer Kriemhilt-Tragödie (W. Schröder) führt hier zur Absurdität eines Gnadeangebots für Hagen, während die richtige Interpretation der Szene als letzte Prüfung einer (wenn auch fehlerhaften) Heldengestalt die sinnvolle Gestaltung des Epos bestätigt.

Kapitel 9

Sein und Schein

Fragen von Wirklichkeit und Erscheinungsbild, "Sein und Schein", haben vor allem seit der Romantik eine große Rolle in der deutschen Literatur gespielt. Wir lernen langsam zu begreifen, daß diese Fragen, wenn auch mit anderer Akzentuierung, in früheren Epochen der Literatur auch von Bedeutung waren. Die besondere Stellung des *Nibelungenliedes* zwischen der traditionsgebundenen mündlichen Epik und der zeitgenössischen Welt schriftlicher höfischer Literatur ist wichtig für unser Verständnis von Sein und Schein im Epos. Die konservative Natur der mündlichen Tradition in der Gesellschaft ist ein zentraler Aspekt der besonderen Entwicklung bei der Darstellung der fiktiven Wirklichkeit in unserem Epos.

In einer traditionellen Gesellschaft ist es, z.B. sehr schwer, eine Lüge über einen längeren Zeitraum zu leben, ohne daß sie zu einer neuen Wirklichkeit wird. Wenn es einem Menschen gelingen sollte, eine Führungsrolle für ein paar Jahre zu spielen, dann ist er einfach ein Führer. Die gesellschaftliche Wirklichkeit paßt sich allmählich der perzipierten Wirklichkeit an, da das Gesetz in einer mündlichen Gesellschaft das ist, was die Gemeinschaft für das Gesetz hält. Ältere Fassungen existieren nicht mehr, sobald sie aus dem Gedächtnis der Gemeinschaft verschwunden sind. Standesbetrug als solcher ist nur dort möglich, wo das geschriebene Wort (bzw. sein Äquivalent) eine Wahrheit liefert, die von dem Gedächtnis einzelner unabhängig ist.

Jack Goody und Ian Watt beschreiben ein Beispiel aus Afrika, das zeigt, wie sich das Gedächtnis der Gemeinschaft an neue politische Fakten anpaßt, ohne daß Spuren des alten Zustands hinterlassen werden. Zur Zeit der ersten europäischen Berührung mit der Nation der Gonja (im nördlichen Uganda) Anfang dieses Jahrunderts erzählte die (mündliche) Geschichte der Nation vom Urvater Ndewura Jakpa und seinen sieben Söhnen. Damals gab es sieben Stämme in der Nation. Etwa sechzig Jahre später, nach einer gründlichen Neuverteilung der Bevölkerung, hat man die Geschichte noch einmal aufgeschrieben und der Urvater hatte jetzt nur fünf Söhne, da die Nation jetzt in nur fünf Stämmen aufgeteilt war. Die enge Verbindung zwischen der mündlich tradierten und erzählten Wirklichkeit und der Gemeinschaft, die sie hervorbringt, führt zu einer allmählichen Anpassung der mündlichen Geschichte an den veränderten Wirklichkeiten. Geschichten, die vorgeblich von der fernen Vergangenheit erzählen, spielen noch eine wichtige Rolle in der Legitimierung und Erhaltung der Gemeinschaft, die sie überliefert. Wir sollten bedenken, daß sich die erzählte Wirklichkeit an die gesellschaftliche Wirklichkeit anpaßt und nicht umgekehrt.

Welche Arten der Verstellung, des Betrugs und der Lüge finden wir in mündlicher Literatur? Obwohl es vielleicht nicht rein mündlich im Sinne der Parry-Collection ist, baut die *Odyssee* Homers bekanntlich auf eine reiche mündliche Tradition. Hier finden wir eine auch in mündlichen Erzählungen anderer Völker gern gebrauchte Form der Verstellung, die Verkleidung. Odysseus erscheint an seinem Hof als alter Mann verkleidet, damit er die Werber um seine Frau ertappen und töten kann. In dem *Lied von Baghdad*, das in mehreren Versionen im ersten Band der *Serbocroatian Heroic Songs* von Parry und Lord veröffentlicht wurde, verkleidet sich die Verlobte des Helden als jungen Krieger, um den Angriff auf Baghdad zu führen, bei dem der Held befreit wird. Ihre Verkleidung wird erst in der letzten Szene der Geschichte gelüftet, aber niemand versucht durch Verkleidung permanent eine neue Rolle anzunehmen. Es gibt eine Diskontinuität der Wirklichkeiten im Hildebrandslied, aber dies nur, weil der Sohn sich weigert, den fremden Krieger als eigenen Vater anzuerkennen. Es besteht hier kein Versuch, den Sohn zu betrügen, obwohl sein Mißtrauen impliziert, daß ein solcher Betrug möglich wäre. Typisch für den Betrug in der mündlichen Erzählwelt ist die Verstellung Sîvrits vor seiner eigenen Burg in "Nibelungenlant", als er sich einfach als "ein recke" ausgibt. Er wird sofort vom Riesen angegriffen, der das Tor bewachen soll. Erst als er den Riesen und den Zwerg Alberich besiegt hat, gibt er sich zu erkennen.

Solange man weiß, daß bestimmte Fakten irgendwo auf Papier (bzw. Pergament) festgehalten sind, ist es möglich innerhalb einer schriftkundigen (oder partiell schriftkundigen) Gesellschaft eine ganze falsche Identität aufzubauen, ohne befürchten zu müssen, daß die alte dadurch verloren geht. Obwohl ein wirklicher Rekurs zum geschriebenen Wort in den literarischen Romanerzählungen der höfischen Literatur genauso wenig vorkommt wie in der traditionsgebundenen Welt der Heldenepik, spielt die Gegenüberstellung verschiedener Ebenen der Realität, wie sie in einer literarischen bzw. schriftkundigen Welt mühelos gehandhabt wird, eine wesentliche Rolle. Betrachten wir hier ein paar Beispiele aus den zeitgenössischen Romanen, um eine Vergleichsbasis zur traditionellen Epik zu gewinnen.

Obwohl kein Betrug gemeint ist, zeigt z. B. der Kontrast zwischen Sein und Schein in der äußerlichen Armut der Enite in Hartmanns *Erec*, wie die Wirklichkeit anders gehandhabt wird. Der Dichter besteht auf eine innere *nobilitas*, die dem durchschnittlichen Beobachter aus der erzählten Gesellschaft nicht ohne Weiteres sichtbar ist. Die vorübergehende Armut täuscht solche Leute über den wirklichen Status der Familie. Der Nibelungendichter gebraucht auch eine solche Gegenüberstellung von Wirklichkeiten, ein Produkt schriftliterarischer Denkweise, um die neumodische Welt der höfischen Literatur von der konservativen Welt der Heldensage abzusetzen.

Gunthers Macht beruht auf einem traditionellen Recht, wie das im oben beschriebenen Beispiel aus Afrika. Seine Reaktion auf Sîvrits Herausforderung in der dritten Aventiure zeigt diese Haltung deutlich:

> "Wie het ich daz verdienet", sprach Gunther der degen,
> "des mîn vater lange mit êren hât gepflegen,
> daz wir daz solden vliesen von iemannes kraft?
> wir liezen übele schînen daz wir ouch pflegen riterschaft." (112)

Niemand bestreitet Gunthers traditionelles Recht auf Macht. Sîvrit versucht die Basis der Macht aus Tradition durch eine neue zu ersetzen, die sich von der Eignung (Idoneität) des Königs zur Aufgabe ableitet. In einer Situation, die sich ganz aus traditionellen Werten und Übereinkünften (d.h. aus den Werten, die von der mündlichen Epik weitergegeben werden) aufbaut, wäre Gunthers Machtanspruch unanfechtbar gewesen. Es ist ja eine Berufung auf Tradition, die hier die Situation rettet, aber sie leitet sich nicht von der Drohung traditionsgebundener Hitzköpfe wie Ortwin ab, sondern von der Einschaltung traditioneller Formeln der Gastfreundschaft, die Sîvrit alles gewähren, was er durch Gewalt erobern wollte. Das traditionelle Gewebe der Gesellschaft bleibt erhalten, aber nur, bis Sîvrit öffentlich seinen eigenen Status in Frage stellt, was bei der Werbungshilfe um Prünhilt geschieht. Diese Werbung wird auch auf eine Verletzung überlieferter Werte aufgebaut.

Das läßt sich vielleicht am ehesten erkennen, wenn wir die Art des Betrugs im *Nibelungenlied* mit der in der (vermutlich) älteren Version der nordischen Fassungen vergleichen. Sigurd gewinnt Brynhild für Gunnar, indem er Gunnars Gestalt annimmt und eine Nacht mit ihr auf ihrem feuer-umgebenen Stein verbringt. Der einzige Betrug hier ist eine Art magische Verkleidung, die die Identität des erfolgreichen Brautwerbers verschleiert. Es ist ja eine Verkleidung, wie wir sie in südslawischer Heldenepik auch finden, wenn auch Zauberkräfte hier angesprochen werden, um das ganze "glaubhafter" zu machen. Die politische Seite des Betrugs ist hier irrelevant. Niemand stellt seinen gesellschaftlichen Rang in Frage. Im *Nibe-*

lungenlied dagegen spielt der politische Betrug bei weitem die größte Rolle. Die politische Schauspielerei füllt weit mehr Erzählraum als etwa die Tarnkappe, die den Personenbetrug bei den Werbungsspielen ermöglicht. Dieses Auseinanderklaffen von Sein und Schein in der politischen Sphäre führt, wie wir gesehen haben, unmittelbar zu Sîvrits Tod und danach zur Zerstörung der burgundischen Gesellschaft.

Man hat oft darauf hingewiesen, daß Gunther mehr Wert auf Schein als auf Sein legt. Dies ist ja natürlich, da seine Macht bekanntlich auf der öffentlichen Anerkennung des Scheins beruht. Die Öffentlichkeit hält ihn für den König der Burgunder, und aus diesem Grunde ist er es. Seine Macht ist sicher, solange sich Sein und Schein decken. Sie ist aber dem Untergang gewidmet, sobald sie nicht mehr übereinstimmen. Die große Abwärtskurve des *Nibelungenliedes* läßt sich als Auswirkung der destruktiven Macht erkennen, die durch die Trennung von Sein und Schein freigesetzt werden. Betrachten wir einige Züge dieser Trennung.

Es ist gewiß kein Zufall, daß im Mittelhochdeutschen das Wort "rîch" sowohl "reich" als auch "mächtig" bedeutet. In diesem Licht können wir die wirkliche Funktion der berüchtigten "Schneiderstrophen" verstehen. Diese Stellen beschreiben in oft ermüdendem Detail die Kleidung und anderen Äußerlichkeiten des aristokratischen Lebens. Einige frühere Kritiker des Epos haben diese als Fehler im erhabenen Gefüge des großen tragischen Epos gesehen. Sie seien "höfische" Floskeln, die vom letzten, vermutlich schwachen "Redakteur" des Epos hinzugefügt wurden, um dem ganzen einen höfischen Glanz zu geben. In einer heilen Welt, in der es keine Trennung zwischen Sein und Schein gibt, wären solche Floskeln unnötig. Die Dichter der klassischen höfischen Romane verwenden bei weitem nicht so viel Platz für die Beschreibung von Äußerlichkeit wie der Nibelungendichter. Eine scheinbare Ausnahme bildet die üppige Darstellung der Hochzeit Erecs im Hartmannschen Roman. Aber die "rîchheit" dieses Festes setzt sich gegen die Armut von Enite und ihrer Familie ab, und es ist auch möglich, daß man hier auch auf den Prunk gerade vor den Szenen, in denen Erec als Herrscher versagt, mit besonderem Nachdruck hinweist, da Erec noch nicht ethisch reif ist, seine neue Rolle aufzunehmen. Die abschließenden Festlichkeiten nach Erecs Prüfungen sind etwas bescheidener, stellen aber brilliant die Deckung von Sein und Schein dar. Erec ist jetzt wirklich König (sein Vater ist mittlerweile gestorben) und sein Verhältnis zu seiner Gattin Enite steht auf einer neuen, mit den Ansprüchen der Gesellschaft versöhnten Basis.

Im Nibelungenepos jedoch basiert Gunthers Macht auf der öffentlichen Wahrnehmung, daß er König ist, d. h. auf Schein. Diese Wahrnehmung dehnt sich sogar bis ins Ausland aus, wie wir aus Sigmunds Anerkennung der Wormser Königsmacht lernen:

"[...]
doch hât der künec Gunther   vil manegen hôhferten man
Ob ez ander niemen wære   wan Hagene der degen,
der kan mit übermüete   der hôhverte pflegen.
daz ich des sêre fürhte   ez müg' uns werden leit.
ob wir werben wellen   die vil hêrlîchen meit." (53,4-54)

Auf Erbfolge aufgebaute Machtansprüche gelten nur so lange, wie die Gemeinschaft sie anerkennt. Gunthers Prunksucht und sein Wunsch, die herrlichste aller Königinnen zu besitzen, müssen unter diesem Aspekt verstanden werden. Die stärkste Ausprägung seiner äußerlichen *rîchheit* finden wir bei seiner Werbung um Prünhilt, einem Unternehmen, das von Anfang an mit Betrug verbunden ist. Sîvrit besteht auf der reichsten Kleidung, und die Frauen des Hofes bereiten unter der Leitung von Kriemhilt und ihrer Mutter Uote diese Kleidung für die vier "Recken" vor. Nirgendwo sonst im Epos finden wir eine solche Betonung reicher äußerlicher Erscheinung. Es ist ein kurzer Weg von der Abhängigkeit vom schönen Schein bis zum Vortäuschen einer Fähigkeit, die man gar nicht besitzt. Die Hervorhebung der reichen Kleidung führt fast automatisch zum Betrug Prünhilts. Gunther spielt eine Stärke vor, die er gar nicht besitzt.

Die feine Ausstattung der Kleidung und weitere Äußerlichkeiten der Macht sollen Prünhilt blenden, damit sie den wahren Sachverhalt nicht wahrnimmt. Die Tatsache, daß diese Täuschung nur halb gelingt, zeigt, wie weit sie einfach auf der Oberfläche bleibt. Sîvrit muß *expressis verbis* sagen, was er eigentlich schon durch seinen Steigbügeldienst und durch Gunthers Stellung vor ihm in der Reihenfolge der Männer demonstrieren wollte. Manche Interpreten haben behauptet, Prünhilt hätte die Standestäuschung nie geglaubt. Im epischen Text fehlt allerdings jede Stütze für diese Vorstellung und es ist Prünhilts fest verankerter Glaube an die von Sigfried und Gunther konstruierte Wirklichkeit, der zum Frauenzank führt. Falscher Schein steht selbstverständlich im Mittelpunkt des von den beiden Königen ausgeführten Freierbetrugs. Gunther führt die Spiele nur zum Schein durch, da er nicht in der Lage ist, sie selbst zu bewältigen. Sîvrit setzt alle Mittel ein, um als Gunthers *man* akzeptiert zu werden. Wichtig in der Entwicklung der Handlung ist der Konflikt zwischen der Wirklichkeit, die "objektiv" existiert, und der, die Sîvrit und Gunther vor Prünhilt aufgebaut haben. Wir haben schon gesehen, daß in einer traditionsgebundenen Gesellschaft die Ausführung der verschiedenen Diensthandlungen genügt hätte, um Sîvrits gesellschaftliche Inferiorität zu beweisen.

Die Spannung zwischen gesellschaftlichen "Wirklichkeiten" im Epos läuft gewissermaßen parallel zur Kluft zwischen einer Welt, in der öffentlicher Schein ausreicht, um Tatsachen zu schaffen - der vorliterarischen Welt der Tradition - und einer Welt, in der Tatsachen eine von der öffentlichen Meinung unabhängige Existenz in der Schrift haben können. Niemand beruft sich im Epos auf einen schriftlichen Beweis, also bleiben die beiden Königinnen auf das, was ihnen vorgespielt wurde, angewiesen. Diese Unsicherheiten über die Tatsachen führen zu einem Versuch bei Sîvrits Eidesszene, die Gemeinschaft an der Aufklärung zu beteiligen. Da es aber keine Gemeinschaft gibt, die über "objektive" Tatsachen verfügt, kann der Eid seine Funktion nicht erfüllen und die ganze Szene bleibt für alle Beteiligten unbefriedigend.

Die Notwendigkeit, den Schein zu wahren, wird nach dem Mord um so wichtiger. Hagen behauptet, Sîvrit sei von Räubern erstochen worden, aber Kriemhilt durchschaut die Lüge. Sîvrits Wunden liefern einen noch stärkeren Beweis, als sie bei Hagens Anwesenheit erneut zu bluten beginnen. Gunther und Hagen beteuern ihre Unschuld und lügen, um ihre öffentliche Situation zu wahren. Der Schein der Normalität wird endlich wiederhergestellt, als Kriemhilt sich offiziell mit ihren Brüdern versöhnt, wobei sie Hagen ausdrücklich ausnimmt. Später werden die Brüder Beihelfer zum Schatzraub Hagens, leugnen dies aber und verdammen Hagen öffentlich für seine in ihrem Sinne begangene Tat.

Beim Burgundenuntergang finden wir einen neuen Fokus. Hagen ist jetzt sehr darauf bedacht, daß weder sein Ruf noch der der Könige einem Vorwurf der Feigheit ausgesetzt werden darf. Er warnt zwar vor der Reise ins Hunnenlant, aber Gernot kann ihn leicht umstimmen, indem er ihm vorwirft: "sît ir von schulden fürhtet dâ den tôt." (1462,2) Hagens Reaktion darauf ist eindeutig:

Dô begunde zürnen von Troneges der degen:
"ine wil, daz ir iemen, füeret ûf den wegen,
der getürre rîten mit iu ze hove baz.
Sît ir niht welt erwinden, ich sol iu wol erzeigen daz." (1464)

Es ist auffallend, wie oft Hagen den Schein der Furchtlosigkeit besonders bei Kleinigkeiten wahren will. Das erste Beispiel dafür sehen wir, nachdem Hagen den Fährmann erschlagen hat. Die Burgunder ziehen durch Bayern. Hagen spricht von den kühnen Grafen Gelpfrât und Else und mahnt seine Reisegenossen:

"diu ross diu sult ir lâzen deste sanfter gân,
daz des iemen wæne, wir vliehen ûf den wegen." (1593,2-3)

Ironischerweise findet sich Hagen beim darauffolgenden Kampf in solcher Bedrängnis, daß er seinen Bruder um Hilfe bitten muß.

Die Frage der Angst spielt auch eine Rolle in der Szene, in der Hagen und Volker sich weigern, für die Königin aufzustehen. Hagen will nicht haben, daß jemand meint, "daz ichz durch vorhte tæte." (1781,3a). Als wollte er diese Möglichkeit bestätigen, einer der Hunnen zeigt gleich danach unverwechselbare "vorhte".

> Dô sprach ein der recken: "wes seht ir mich an?
> daz ich ê dâ lobte, des wil ich abe gân,
> durch niemannes gâbe verliesen mînen lîp.
> jâ wil uns verleiten des künec Etzelen wîp." (1794)

("Diu gâbe" ist der Lohn, den Kriemhilt ihnen für den Tod Hagens versprochen hatte.)

Man kann das Bestreben, furchtlos zu erscheinen, gut verstehen. Die furchtlose - und gefährliche - Erscheinung von Hagen und Volker hat zweimal einen Angriff durch eine größere Gruppe schwer bewaffneter Ritter vereitelt. Auf der anderen Seit grenzt Hagens Weigerung, Kriemhilts Mordpläne zu verraten, ans Perverse, da sie streng genommen den Feind unterstützt und dadurch Hochverrat gleichkommt. Als die Burgunder bewaffnet zur Messe gehen wollen, trägt Etzel Sorge, daß jemand ihnen etwas getan hätte.

> "wie sihe ich friunde mîne under helme gân?
> mir ist leit ûf mîne triuwe, und hât in iemen iht getân.
> Ich solz in gerne büezen, swie si dunket guot,
> hât iemen in beswæret daz herze und ouch den muot.
> des bringe ich si wol innen, daz ez mir ist vil leit.
> swaz si mir gebietent, des bin ich alles in bereit. (1861,3-4;
> 1862)

Hagen weigert sich, das aufrichtige Angebot seines Gastgebers anzunehmen, und erfindet eine "site" der Burgunder, um ihr Waffentragen zu erklären.

Des antwurte Hagene: "uns hât niemen niht getân.
es ist site mîner herren, daz si gewâfent gân
z'allen hôhgezîten ze vollen drîen tagen.
swaz man uns hie getæte, wir soltenz Etzelen sagen." (1863)

Der Dichter findet diesen Punkt so wichtig, daß er aus seiner normalen Objektivität heraustritt, um Etzels Aufrichtigkeit und Friedensbereitschaft zu betonen:

Swie grimme und swie starke si in vîent wære,
het iemen gesaget Etzeln diu rehte mære,
er het' wol understanden, daz doch sît dâ geschach.
durch ir vil starken übermuot ir deheiner ims verjach. (1865)

Die tatsächliche Situation erfährt Etzel erst, wenn es zu spät ist, um das Gemetzel zu verhindern.

Das Bestreben der Burgunder, die Bedrohung geheimzuhalten und dabei den höfischen Frieden zu wahren, deckt sich mit dem Bestreben, jeden Anschein von Angst zu vermeiden. Es ist heroischer Hochmut, der sich in beiden Fällen äußert. Dieser Hochmut erscheint im christlichen Katalog der Todsünden als *superbia*. Die letzte der oben zitierten Zeilen betont diese Gleichsetzung. *Übermuot* ist die normale mittelhochdeutsche Übersetzung für *superbia*. Eine Kriegergesellschaft wird den christlichen superbia-Begriff immer problematisch finden, da "hohverte", "hohgemuote" und solche Ausdrücke genausogut den erwünschten Kriegerstolz wie auch die christliche Todsünde bezeichnen können. Obwohl christliche Werte an sich keine große Rolle im *Nibelungenlied* spielen, gehören sie auf jeden Fall zum Erwartungshorizont und daher zum Verstehensmodus des aristokratischen christlichen Publikums des Hochmittelalters.

Das Bestreben um die Wahrung des Scheins hat im Burgundenuntergang einen anderen Stellenwert als in der Geschichte von Sîvrit. Bei der Sîvritgeschichte wurde der Bruch zwischen Sein und Schein durch Sîvrit selbst inszeniert. Im Burgundenuntergang liegt die Bruchstelle zwischen der zivilisierten Oberfläche der Verhältnisse und dem angespannten Konflikt zwischen den Hunnen und den Burgundern, der, obwohl schon im Mord an Sîvrit begründet, erst bei der Ankunft in Etzelnburc sichtbar wird. Nur Hagen, Volker und Kriemhilt sind sich dieser explosiven Situation wirklich bewußt. Kriemhilt will den Konflikt geheimhalten, bis sie den richtigen Augenblick für ihre Rache erkennt, während Hagen und Volker durch ihren heroischen Übermut daran gehindert werden, den zivilisierenden Einfluß von Etzel und Dietrich einzuschalten. Bei der Sîvritgeschichte war es die Spannung zwischen Sein und Schein, die die Katastrophe verursacht hatte. In der Hagengeschichte andererseits ist es erst das Ende des Scheins, das die Katastrophe herbeiführt. Solange ein Schein von Normalität bewahrt wird, können die Feindseligkeiten gar nicht ausbrechen. Der offene Angriff auf die Knappen wird durch die unverzeihliche Tötung des Knaben Ortlieb beantwortet, und der zivilisierte Schein wird völlig zerstört. Nur Dietrich kann einen Augenblick der zivilisierten Ordnung durch sein persönliches Prestige vorübergehend wiederherstellen, um Etzel und Kriemhilt aus der Halle zu begleiten.

Am Anfang dieses Kapitels habe ich versucht, einige Unterschiede zwischen der Behandlung von Sein und Schein bei schriftlosen und schriftgebundenen Gemeinschaften zu beschreiben. Ich will damit nicht sagen, daß der Nibelungendichter diese Unterschiede bewußt eingesetzt hat, sondern daß er sich mit einer Welt verbunden hat, in der überlieferte Werte respektiert wurden und in der keine breite Kluft zwischen Sein und Schein möglich war. Es wäre töricht zu behaupten, daß schriftlose Menschen nie gelogen oder betrogen haben. In einigen nordischen Versionen der Nibelungensage lädt Atli (Etzel) seine Schwäger ein, um ihnen das Geheimnis vom Aufbewahrungsort des Nibelungenschatzes zu entlocken. Gudrun (Kriemhilt) versucht ihre Brüder durch eine symbolische Chiffre zu warnen, indem sie ein Wolfshaar um den als Geschenk überbrachten Ring windet. Der Übertritt über die Grenze zwischen mündlicher und schriftgebunder Gesellschaft äußert sich in der "Atlamál", die das Wolfshaar durch eine Runenbotschaft ersetzt. Die Runen werden durch den Atli getreuen Boten verändert, damit die Warnung nicht verstanden werden kann. Atlis Betrug ist jederzeit auch in einer vorliterarischen Gesellschaft möglich, aber er erreicht nie die Komplexität der zwei Wirklichkeiten, die Sîvrit im *Nibelungenlied* aufbaut, um Prünhilt zu betrügen. Indem er Geschichten erzählt, in denen ein Konflikt zwischen Sein und Schein eine große Rolle spielt, hat der Nibelungendichter einen wichtigen Konfliktherd zwischen Tradition und Innovation aufgedeckt.

Sobald die höchste Autorität in einer Gemeinschaft bei schriftichen Dokumenten liegt und dadurch bei beschränker Lesefähigkeit esoterisch wird, wird es möglich, den Schein gegen ein geheimgehaltenes Sein auszuspielen. Diese Struktur wird den Dichtern des späteren Mittelalters zugänglich. Die Ironie in vorliterarischer Dichtung liegt im Kontrast zwischen dem, was der Dichter und sein Publikum wissen, und dem, was die Figuren in der Geschichte wissen. Die Ironie, die im schriftlichen Text möglich wird, kann sich auf solch komplexe Gebilde ausdehnen, wie wir sie im höfischen Roman und im *Nibelungenlied* vorfinden, in denen verschiedene ethische Möglichkeiten miteinander in Konkurrenz treten können. Hartmann z.B. baut eine einseitige Vorstellung von ritterlicher *aventiure* in der Vorgeschichte des *Iwein* auf, um sie dann später mit einer höheren, menschlicheren Vorstellung im Laufe der Geschichte zu kontrastieren. Diese grobe Vorstellung wird in einer ironisch-naiven Weise von Kalogrenant definiert. Unterwegs zum Brunnenabenteuer trifft er auf einen Riesen, der alles Unhöfische verkörpert. Dieser fragt den Ritter:

'âventiure? waz ist daz?'
'daz wil ich dir bescheiden baz,
nû sich wie ich gewâfent bin:
ich heize ein riter und hân den sin
daz ich suochende rîte

einen man der mit mir strîte,
der gewâfent sî als ich.
daz prîset in, und sleht er mich:
gesige aber ich im an,
sô hât man mich für einen man,
und wirde werder danne ich sî." (*Iwein* 526-537)

Eine vorliterarische Gemeinschaft kann keine Pluralität der ethischen Vorbilder tolerieren, aber die literarische Welt des höfischen Romans zeigt eine Reihe von experimentellen ethischen Idealen des ritterlichen Daseins. Dies ist der notwendige Hintergund für die Sîvritgeschichte und für die Konflikte zwischen Sein und Schein, die in unserem Epos eine so große Rolle spielen.

Diesem Spiel mit ethischen Modellen fehlt nur eines, ein verbindliches positives Vorbild, das über dem Wirrwarr konkurrierender "Schichten der Ethik" aus traditionellen und zeitgenössischen literarischen Vorbildern steht. Mit diesem Ideal beschäftigen wir uns im folgenden Kapitel.

Kapitel 10

ALTERNATIVE ZUM HELDENTUM

Das *Nibelungenlied* zeigt uns zwei fatal fehlerhafte Helden, Sîvrit und Hagen, die zwei scharf kontrastierende literarische und ethische Modelle verkörpern. Die erste Hälfte des Gedichts zeigt uns die Folgen, wenn die gesellschaftliche Ordnung unklar wird und wenn die falschen Ideale der höfischen-chevalresken Kultur befolgt werden. Sîvrit wird von der Macht der Minne verführt und stirbt als Folge dieses Fehltritts. Er täuscht einen gesellschaftlichen Rang vor, dem er nicht angehört, um sein Ziel, die Liebe der Minnedame, zu erreichen. Er befolgt das Muster des idealen Ritters der neuen Generation, der Ritterdienst ausführt, um die Liebe seiner Dame zu verdienen. Prünhilts Wahrnehmung seiner gesellschaftlichen Position ist maßgeblich für die Entwicklung der Geschichte. Ihre Überzeugung, daß etwas im sozialen Gefüge nicht stimme, führt unmittelbar zum Konflikt mit Kriemhilt und so zum Tod Sîvrits. Der Nibelungendichter betont das Gattungsfremde in Sîvrits Geschichte, indem er sowohl mit als auch gegen das überlieferte Sîvritbild geschrieben hat. Wenn wir diese Version des Sîvritlebens mit dem vergleichen, was wir aus anderen Quellen über Sîvrit wissen, dann sehen wir, daß das Neue fast ausschließlich mit Dienst und Minne zu tun hat. Die beiden Elemente erscheinen zusammen im Minnedienst, zunächst im Sachsenkrieg und dann entscheidender in der Werbung um Prünhilt. In beiden Episoden haben wir den Zyklus von *dienest* und *lôn*, dem der Minnesang unterliegt. Sîvrit legt das Fundament für seinen eigenen Untergang durch seine gedankenlose Befolgung dieser beiden fremden Ideale und dadurch, daß er den stabilisierenden Kräften seiner eigenen Gesellschaft keine Beachtung schenkt. Dies ist der Kern der überraschenden Herausforderung an Gunther bei seiner Ankunft in Worms.

Am Anfang des Epos ist Gunther ein Vertreter der Welt stabiler Strukturen und traditioneller Werte. Sein Machtanspruch basiert auf Erbfolge und nicht auf Brachialstärke. Er versucht seine Macht dadurch zu erhalten, daß er seine Kontrahenten überredet, wobei er sich auf die in der Tradition der Gemeinschaft verankerte Hochachtung seiner Königswürde verläßt. Bei ihm spielt auch die Befolgung guten Rates eine wichtige Rolle. Erst bei der Werbung um Prünhilt verläßt er dieses sichere Fundament. Die Werbungsfahrt nach Islant ist an sich eine Wiederholung der Werbungsfahrt Sîvrits nach Worms und bedeutet daher eine Annahme der von Sîvrit mitgebrachten Abenteuererethik, einer Ethik, die der Stabilität des Wormser Königreichs diametral entgegensteht. Das neue Muster ist die märchenhafte Brautwerberethik, die sich sowohl in der "Spielmannsepik" als auch im höfischen Roman in der Gestalt des *chevalier errant*, des Abenteuerritters, zeigt. Damit verbunden ist die Tatsache, daß ein König, der an einem solchen Abenteuer teilnimmt, seine in der Tradition verankerte Königsmacht aufs Spiel setzt. Es kann jederzeit geschehen, daß er seine Macht verteidigen muß, und jetzt hat er nicht mehr die überlieferte Stabilität, auf die Gunther sich in der dritten aventiure berufen konnte. Hartmann demonstriert die permanente Gefährdung des chevalresken Königs durch Iweins Pflicht, den im Kampf mit Askalun gewonnenen Brunnen zu schützen. Indem er dem Muster des Romanhelden folgt, muß Sîvrit seine körperliche Überlegenheit und seine Abenteuerbereitschaft ständig unter Beweis stellen. Vom Gesichtspunkt der traditionellen Werte aus gesehen, bedeutet Sîvrit das Chaos. Zu Hause ist seine gesellschaftliche Situation, seine Königswürde, - genau wie Gunthers - auf Erbfolge begründet, aber er ist bereit, diese aufs Spiel zu setzen, um seine Eignung nach dem Muster des Abenteuerritters unter Beweis zu stellen. Seine unsinnige Herausforderung der Burgwache im Nibelungenlant wird auch durch dieses ethische Muster verständlich.

Der Nibelungendichter kontrastiert zwei Weltanschauungen, die traditionelle und die chevalreske, durch den Gegensatz zwischen zwei Dichtungstraditionen. Die mündliche Tradition der überlieferten Nibelungensage assoziiert er mit der Stabilität des Wormser Hofes vor der Einführung neuer ethischer Werte, die durch Sîvrits Abenteuerrittertum und sein Minneverhältnis zu Kriemhilt symbolisiert werden. Das Werk erscheint in der Form eines traditionsgebundenen Epos, innerhalb dessen die neuen Elemente aus der aus Frankreich kommenden Höfik stark auffallen mußten. Die Gattungsstrategie des Dichters ließ das Publikum ein bestimmtes Weltbild erwarten und ein zweites, gefährlicheres vorfinden. Wir erfahren schon am Anfang des Epos, daß die höfische Schönheit der Kriemhilt (und damit verbunden die anderen Versuchungen der chevalresken höfischen Literatur) zum Tode vieler Ritter führen wird. Der Dichter gibt uns konkrete Hinweise auf seine literarische Methode, die auf das Zitat einer literarisch-ethischen Gattungswelt innerhalb einer anderen aufbaute.

Der Burgundenuntergang war offensichtlich das Ziel des ganzen Epos vom Beginn an. Wir sehen, daß die Katastrophe der zweiten Hälfte wie eine dunkle Wolke am Horizont der Sîvritgeschichte lauert. Wie wir schon bemerkt haben, ist es ja höchst wahrscheinlich, daß unser Dichter schon vor der Niederschrift ein fertiges Bild von der Katastrophe vor sich hatte, wahrscheinlich in Form eines schon schriftlich fixierten Epos. Dieses Epos war, wenn wir dessen Niederschlag in der *Þiðrekssaga* trauen können, eine reine Heldengeschichte um Hagen. Unser Nibelungendichter hat diese Vorlage in subtilster Weise geändert, um eine Art Anti-Sîvrit zu gestalten, einen Helden, dessen Ethos aus einer Vergangenheit stammte, deren Werte in der aristokratischen Welt des zwölften Jahrhunderts nicht mehr lebensfähig waren.

Hagen stirbt, weil er zu hochmütig ist, die friedensstiftenden Mächte in seiner Welt zu gebrauchen. Seine einzige Furcht ist, daß er den Eindruck der Feigheit erwecken könnte. Sein Ehrbegriff ist einfach zu eng, um die in einer Welt voller politischer Konflikte notwendigen Kompromisse zuzulassen. Der Dichter hat diese komplexe Figur durch eine Kombination von literarischen Heldenmustern dargestellt, die an die Kombination von Tradition und Innovation in der Figur Sîvrits erinnert. Unser Dichter läßt die traditionelle Figur Hagens als fragwürdig erscheinen, indem er einerseits seine Taten ins Zwielicht rückt und anderseits ihn als einen besonders um den heroischen Schein besorgten Krieger darstellt. Hier konnte der Dichter nicht so leicht zu bekannten literarischen Vorbildern greifen, aber er konnte eine Reihe von neuen, störenden Details in die Hagendarstellung einbauen, um einen tragisch fehlerhaften Helden zu schaffen. Den Fehler darf man nicht so sehr in seinem bösen Spiel mit Kriemhilt und Sîvrit in der ersten Hälfte sehen, sondern in seinem krampfhaften Festhalten an seinem "einseitig starren Ehrbegriff" (Ihlenburg, S. 129), an die zerstörerische atavistische Vorstellung der heroischen Ehre. Die Tatsache, daß dieser Ehrbegriff veraltet war, hat nicht verhindern können, daß viele Zeitgenossen des Dichters immer noch daran festgehalten haben. Dadurch, daß er die schlimmstmögliche Auswirkung dieses Ethos darstellt, ruft der Nibelungendichter zu einem Nachdenken über die fehlerhaften, zur Katastrophe führenden ethischen Vorbilder seiner Zeit auf.

Da beide Haupthelden unseres Heldenepos tragische Fehler im Ethischen aufweisen, sollten wir vielleicht jetzt die Figuren betrachten, die für den Dichter offensichtlich positive Bilder geliefert haben.

Nehmen wir als erstes Beispiel Rüdeger, über den man ganze Bücher geschrieben hat. Er verkörpert fast alle Tugenden, die wir in dieser Epoche positiv werten können. Er ist die eine Figur, die irgendwie "modern" wirkt im archaischen Rahmen des Burgundenuntergangs. Wegen seiner Offenheit und, man möchte fast sagen, Ahnungslosigkeit (ein Zug, den er mit Sîvrit teilt) wird er in ein unlösliches Dilemma hineingezogen, das persönliche und sogar verwandtschaftliche Beziehungen in Konflikt mit lehensrechtlichen Pflichten bringt. Nach dem Ausbruch der Kämpfe ist er verloren, ganz gleich, welche Seite er wählt. Es ist also bezeichnend für die Interessenlage des Epos, daß er den Ansprüchen seines Feudalherrn folgt und gegen seine Freunde, darunter auch den Verlobten seiner Tochter, in die Schlacht zieht.

Es ist ein Gemeinplatz der Nibelungenforschung, daß Rüdeger die "höfische" Ebene des Epos im Gegensatz zur von Hagen und Volker vertretenen "heroischen" darstellt. Die aristokratische Atmosphäre in Bechelaren und die Nachklänge der Minnesangsprache bei der Verlobung seiner Tochter mit Giselher verweisen in diese Richtung. Sein Ethos steht aber sehr weit entfernt von der neumodischen chevalresken Haltung, die wir bei Sîvrit erkannt haben. Er läßt sich noch besser mit dem lehensrechtlichen konservativen Ordnungssinn, den wir am Anfang des Epos bei Gunther und seinem Hof gesehen haben, in Verbindung bringen. Die wenigen Hinweise in dieser Richtung erscheinen im Zusammenhang mit der Verlobung. Rüdeger sorgt sich um den Rangunterschied, wie wir in folgender Strophe erfahren:

> Dô sprach der marcgrâve: "wie möhte daz gesîn,
> daz immer künec gerte der lieben tohter mîn?
> wir sîn hie ellende, beide ich und mîn wîp:
> waz hilfet grôziu schœne der guoten juncvrouwen lîp?" (1676)

Die Burgunder erklären sich bereit, den Standesunterschied zu ignorieren. Wenn man die Betonung der Standesunterschiede in der Sîvritgeschichte noch im Hinterkopf hat, könnte man evtl. hier einen Zusammenbruch ständischer Ordnung in dieser ungleichen Verbindung erkennen. Rüdegers wirklicher Status wird ihm beim großen Kampf erneut vor die Augen geführt. Seine Tochter ist vielleicht mit einem König verlobt, aber er ist immer noch Vasall Etzels. Der Hauptgrund für diese Verlobung in der Erzählung ist selbstverständlich, um die Verbindung zwischen Rüdeger und den Burgunden zu verstärken und das Pathos des späteren Konflikts zu erhöhen. Die bisherige Beschäftigung in unserem Epos mit Standesfragen läßt uns jeodch bei jedem Aufflackern der Frage aufhorchen.

Rüdeger spielt in Etzelnburc keine nennbare Rolle bis zum Ausbruch der Feindseligkeiten. Er ist in der Gruppe, die von Dietrich beim kurzen Waffenstillstand ausgeführt wird. Er verlangt *vride* von den Burgundern, und er wird ihm willig gewährt. Ironisch in Hinblick auf die spätere Entwicklung ist die Schlußzeile seiner Bitte: "sô sol ouch vride stæte guoten vriunden gezemen." (1996,4) Er nimmt fünfhundert Männer mit sich. Später spricht er leidenschaftlich den Wunsch nach einem Ende des Kampfes aus. Einer der Hunnen sieht ihn in Tränen ausbrechen und beschwert sich, daß der Mann, der am meisten von Etzels *milte* profitiert hat, ihm in seiner Not keine Dienste leistet. So beginnt der tragische Konflikt, bei dem Rüdeger schließlich seinen ganzen Lehenbesitz zurückgeben will, wenn er nur nicht gegen seine Freunde kämpfen muß. Etzel kann ihn nicht von seinen Pflichten befreien und Rüdeger muß seine Waffen gegen seine "lieben Geste" aufnehmen.

Diese Entscheidung zeigt die größere Kraft der lehensrechtlichen Beziehungen in der Gesellschaft, die im Epos dargestellt wird. Verpflichtungen, die aus Blutsverwandtschaft erwuchsen, waren die stärksten in der Gemeinschaft, in der die Nibelungensage entstanden ist. Bald danach kamen auch die Obligationen Verschwägerten gegenüber. Etzels Forderungen an Rüdeger setzen voraus, daß die lehensrechtlichen Beziehungen schwerer wiegen als die den Gästen oder Verschwägerten gegenüber.

Barbarossa soll einmal vor Heinrich dem Löwen auf die Knie gefallen sein, um den Herzog zur Erfüllung seiner Pflicht des *auxilium* zu bewegen. Heinrich weigerte sich und es ist wahrscheinlich, daß sein Sturz ein paar Jahre später die Folge davon war. Etzel und Kriemhilt fallen ebenfalls auf die Knie vor Rüedeger, um ihn für den Kampf gegen die Nibelungen zu gewinnen. Er will sich durch eine Auflösung des lehensrechtlichen Verhältnisses aus der Affäre ziehen und erst, als dies nicht gelingt, geht er unwillig in den Kampf. Seine Pflichten als Vasall zwingen ihn in dieser hochmittelalterlichen Gesellschaft dazu, die älteren menschlichen Verpflichtungen der Freundschaft, Gastfreundschaft und Verwandtschaft zu mißachten.

Hagen und Rüdeger bilden komplementäre Gestalten auf den beiden Seiten. Sie sind die wichtigsten Vasallen ihres jeweiligen Königs. Jeder wird gegen seinen Willen in einen Konflikt hineingezogen und jeder wird im Kampf zum gefürchteten Streiter gegen den Feind. Hagen handelt nach eigenem Ermessen und erreicht die Zerstörung seiner Selbst und seiner Herren. Die gesellschaftliche Ordnung ist stark gefährdet, wenn ein mächtiger Vasall an die Stelle eines schwachen Königs tritt. Hagen ist eine mächtige Figur in der fiktiven Gesellschaft der Nibelungen, die sogar eigene "Vasallen" wie Volker anzieht. Rüdeger wird durchaus positiv gezeichnet. Es ist nicht möglich, ihn als fehlerhaften tragischen Helden wie etwa Sîvrit oder Hagen darzustellen. Er ist Opfer von Mächten, die so gewaltig sind, daß er überhaupt nichts gegen sie ausrichten kann. Er stirbt als beispielhafter Vasall im gleichen Augenblick, als Hagen die eigene Pflicht vernachlässigt, seine Herren zu schützen, indem er untätig dabei steht, während Rüdeger seinen Herrn Gernot tötet.

Die Konfrontation zwischen Hagen und Rüdeger weist, wie so viele andere Szenen des Epos, durch ihre Doppelbödigkeit eine starke Ironie auf. Einerseit sehen wir den wirklich bewegenden Großmut der beiden in Hagens Bitte um einen Schild und in Rüdegers Gabe an den Freund/Feind. Das Pathos der Szene erhöht die nun folgende Tragik für den Leser (bzw. den Hörer). Sie ist gleichzeitig das Bild zweier Vasallen, die ihren Gehorsam ihren Herren gegenüber einschränken, die eine Art Mini-Verrat begehen. All dies in einem Werk, das von Anfang an die Fragen der feudalen Gesellschaftsordnung in den Vordergrund rückt. Rüdegers Angriff bewirkt den Tod Gernots und den zahlloser anderer Burgunden. Er stirbt genau im selben Moment, in dem er den Bruder seines Schwiegersohns erschlägt.

In mancher Hinsicht ist Rüdeger eher Opfer als handelnde Person. Ihm fehlt der politische Handlungsspielraum, um sich aus der von Hagen und Kriemhilt inszenierten Situation zu befreien. Diese Freiheit hat nur der Friedenstifter Dietrich von Bern. Wir müssen selbstverständlich bedenken, daß er erfolglos bleibt, daß seine Friedensbemühungen am Festhalten an einem sehr begrenzten Ehrbegriff seitens der Protagonisten scheitern. Wenn der Text nicht wiederholt auf diese Rolle Dietrichs hingewiesen hätte, hätte man den berechtigten Verdacht, es handele sich hier um die Projektion eines modernen Pazifismus auf eine mittelalterliche Figur. Wenn wir jedoch beobachten, wieviele neue, nirgendwo sonst in der Nibelungenüberlieferung belegte Episoden und Details sich gerade damit beschäftigen, das Unheil abzuwenden, dann können wir diese Möglichkeit nicht mehr ausschließen. Dieser Aspekt ist genau so neuartig und unerwartet wie Sîvrits Rolle als Minneritter; vielleicht noch überraschender, da es keine literarischen Vorbilder für diese Haltung gibt. Wir können Dietrichs neue Rolle noch klarer erkennen, wenn wir die Paralellstellen aus der *Þiðrekssaga* gegenüberstellen.

Im *Nibelungenlied* erscheint Dietrich zum ersten Mal beim Empfang Kriemhilds durch Etzel in der 21. Aventiure. Hier gehört er zur Szenerie, zur Darstellung der unermeßlichen Pracht des Hunnenhofs. Er tritt zum ersten Mal handelnd auf, als die Nibelungen bei Etzel eintreffen. Hier spricht er die Warnung aus, die in der *Þiðrekssaga* von Rodingers (Rüdegers) Frau ausgesprochen wurde: "ist iu daz niht bekant? / Kriemhilt noch sêre weinet den helt von Nibelunge Lant (1724, 3-4)) In der *Þiðrekssaga* ist dies nur die letzte in einer Reihe von Warnungen, Träumen und düsteren Vorausdeutungen, die den Aufbruch und die Reise der Niflunga begleiten. Im *Nibelungenlied* ist es aber die erste Warnung, die weder auf Vermutung noch auf übernatürlichen Quellen basiert, sondern auf Beobachtung aus erster Hand. Die Bedeutung der Warnung wird durch Kriemhilts heftige Reaktion unterstrichen: "si sint gewarnôt. / und wesse ich wer daz taete, er müese kiesen den tôt (1747, 3-4). Dietrich fordert Kriemhilt durch sein Bekenntnis zur Tat heraus:

ich binz der hât gewarnet   die edelen küenege rîch
[...]
nu zuo vâlandinne,   du solt mihs niht geniezen lân. (1748,2 u. 4)

Kriemhilt muß zurückstecken, denn "si vorhte bitterlîchen den Dietrîches lîp" (1749,2). Die Auseinandersetzung bleibt ohne Folgen, aber die Fronten sind von diesem Augenblick an klar gezogen.

Als nächstes tritt Dietrich in der Turnierszene auf, als er die Teilnahme seiner Mannen am Turnier untersagt. Er weiß schon jetzt, daß jeder Funken den Brand entzünden kann. Noch erstaunlicher in dieser Szene ist die im vorigen Kapitel zitierte hypothetische Haltung Etzels (Str. 1865), die unmißverständlich dargelegt wird: Dieses Ausbrechen des Erzählers aus der sonst recht streng gehaltenen Objektivität muß beim modernen Leser (wie vermutlich auch beim mittelalterlichen Publikum) auffallen. Der Dichter will offensichtlich durch diese Stelle eine immer gegenwärtige Alternativlösung hervorheben. Etzel wird nach dem Mord an seinem Sohn selbstverständlich den Streit nicht mehr friedlich beilegen können, trotz allem wird aber an dieser Stelle eine diplomatische, friedensstiftende Alternative zum Konflikt vorgestellt. Diese wird von hier bis zum Ende der Geschichte als kontrapunktisch entgegenstellte mögliche, aber nicht wahrgenommene Wirklichkeit in krassem Kontrast zum blutigen Fortgang der Geschichte aufgezeigt. Der Dichter betont also immer das, was hätte geschehen können, wenn besonnenere Köpfe die Oberhand behalten hätten.

Nach dem Ausbruch offener Kampfhandlungen kann Dietrich nur noch als retardierender Faktor im Geschehen fungieren. Er gebraucht seine Autorität und seine noch freundliche Beziehung zu den Burgunden, um das Herrscherpaar aus der Halle zu bringen. Man muß dies als Versuch werten, den völligen Ausbruch des Chaos' zu verhindern. Trotz der Schuld Kriemhilts ist Etzel noch immer König im Land und daher eine notwendige Stütze der Ordnung. In der von Dietrich bewirkten Kampfpause kommen er und seine Vasallen, sowie Rüdeger und die seinen aus der Halle. Alle Parteien - Amelungen, die von Bechelaren und Burgunder - sichern einander den Frieden zu. Dietrichs Bitte um freies Geleit wird allerdings von Wolfhart, dem Hitzkopf unter seinen Mannen, heftig mißbilligt. Er möchte lieber mit Waffengewalt aus der Halle ausbrechen. Sein Herr weist ihn zurecht mit dem Hinweis "ir habet den tiuvel getân" (1993,4). Dietrichs vernünftige Haltung wird durch den Kontrast zu Wolfharts Drängen nach einem Kampf noch stärker betont. Dietrich zieht sich nun von der Szene zurück und bleibt dem Kampf bis zum Tode Rüdegers fern.

In der *Þiðrekssaga* greift Þiðrek, der aus Freundschaft zu den Niflunga dem Kampf ferngeblieben war, erst dann ein, um seinen Freund Rodingeir zu rächen. Er und seine Vasallen kämpfen bis zum Ende. Hildibrand tötet Gisler, und Þiðrek kämpft mit Högni. (Gunnar war schon früher gefangengenommen und dem nordischen Tod in der Schlangengrube übergeben worden.) Schließlich wird Þiðrek des ergebnislosen Kampfes mit Högni müde. Er speit Feuer, und Högni wird in seiner Rüstung nahezu geröstet. Der Kampf endet, und Högni stirbt ein paar Tage später, nachdem er einen Sohn mit einer eigens zu diesem Zweck ihm zur Verfügung gestellten Frau gezeugt hat. Þiðrek überzeugt Attila, daß Grimhild eine Teufelin ist, und Attila erlaubt ihm, sie zu töten.

Der Dietrich des *Nibelungenliedes* führt praktisch alle traditionell gewordenen Handlungen aus, aber unter einem vom "jüngsten Dichter" geschaffenen neuen Vorzeichen. Als Dietrich die Klage nach Rüdegers Tod hört, beschließt er, Auskunft über die Situation holen zu lassen. Wolfhart will die

Aufgabe übernehmen, aber Dietrich verwehrt sie ihm, da er durch "ungefüege vrage" Schlimmes auslösen könnte. Statt Wolfhart schickt er Helferich, der bald mit der traurigen Nachricht zurückkehrt. Dietrich klagt heftig um den gefallenen Freund, will aber nichts von Wolfharts Drängen nach Rache wissen. Er schickt nach genauerer Kunde:

> dô bat er Hildebranden zuo den gesten gân,
> daz er an in erfünde waz dâ wære getân. (2247, 3-4)

Hildebrant will unbewaffnet hingehen, aber Wolfhart warnt vor Schmähungen, die dem Unbewaffneten ins Gesicht geworfen werden könnten. "sô müezet ir lasterlîche tuon die widervart" (2249,3). Hildebrand legt seine Rüstung an "durch des tumben rât" (2250,1). Plötzlich stehen alle Vasallen Dietrichs bewaffnet da. Hildebrand läßt sich ein zweites Mal von den anderen überreden und zieht mit der bewaffneten Schar zur Kampfstätte. Von dieser ganzen Entwicklung weiß Dietrich nichts. Die Hitzköpfe auf beiden Seiten führen dann den Kampf herbei und alle Vasallen Dietrichs bis auf Hildebrand fallen. Der verwundete Waffenmeister kehrt blutig zu seinem Herrn zurück. Dietrich erkennt die Zeichen des Kampfes und rügt ihn für seinen Ungehorsam:

> ich wæne ir mit den gesten zem hûse habt gestriten
> ich verbôt es iu sô sêre, ir hetez billîche vermiten. (2310,3-4)

Allmählich erfährt er, daß alle seine Mannen tot sind. Nach einem Klageausbruch rüstet er sich selbst und zieht gegen die einzigen noch lebenden Burgunder, Hagen und Gunther, in den Kampf.

Es gibt im ganzen Epos keine Figur, außer vielleicht Kriemhilt, die einen stärkeren Grund zur Rache gehabt hätte als Dietrich, aber er überrascht alle (vermutlich auch die ersten Hörer) mit einem letzten Friedensangebot:

"Ergib dich mir ze gîsel,   du und ouch dîn man.
so wil ich behüeten,   so ich aller beste kan,
daz dir hie zen Hiunen   niemen niht entuot.
dune solt an mir niht vinden   niwan triuwe und guot." (2337)

Hagen lehnt das Angebot barsch ab (obwohl es ausdrücklich an Gunther gerichtet war) und Dietrich wird gezwungen, mit beiden zu kämpfen. Da Gunther und Hagen kampfesmüde und verwundet sind, gelingt es ihm, sie gefangen zu nehmen. Er begrieft nicht, daß Kriemhilts Rachedurst so stark ist, daß sie auch gefesselte Gefangene töten wird. Er liefert sie mit der Bitte um Schonung an die *vâlandinne* aus.

Die Episode, in der Dietrichs Vasallen umkommen, ist von der Tradition her unnötig. Hier fand sich lediglich, daß Gunther und Hagen Kriemhilt als Gefangene übergeben werden. Der Vorfall vom Tod seiner Mannen dient hauptsächlich dazu, Dietrichs Eingreifen zu motivieren und seine bisherige Rolle als Friedensstifter zu unterstreichen.

Spätere Heldenepik konnte wenig mit diesem seltsamen Dietrichbild anfangen. Daraus entwickelte sich gewissermaßen als Parodie das Zagheitsmotiv. Im *Rosengarten zu Worms* zögert er vor dem großen Zweikampf mit Sîvrit, bis Hildebrand ihm Feigheit vorwirft. Das bringt ihn so in Kampfwut, vergleichbar dem Berserker-Zustand bestimmter Krieger in der altnordischen Literatur, so daß er Sîvrit besiegen kann. Offensichtlich war der friedliebende Dietrich des *Nibelungenliedes* eine so seltsame Gestalt, daß die späteren Dichter sein Verhalten nur als Zagheit interpretieren konnten.

Wenn der Friedensstifter Dietrich eine so weit von der Norm abweichende literarische Figur ist, daß die zeitgenössischen Rezipienten ihn nicht begreifen konnten, ist es nicht möglich, daß wir etwas in dieser Figur sehen, was auch dem Nibelungendichter fern lag? Man darf schon skeptisch sein, aber die vielen Abweichungen von den übrigen Nibelungen- und Dietrichtraditionen in unserem Epos weisen fast alle in diese Richtung. Wenn die *Þiðrekssaga* ein früheres Stadium der Nibelungensage darstellt, dann sind praktisch alle Züge des im *Nibelungenlied* entwickelten neuen Dietrichbildes die Leistung des vielverschmähten "letzten Epikers", d.h. des Nibelungendichters um 1200, der für die Textgestalt in der *B-Fassung verantwortlich ist.

Außerhalb der Literatur finden wir auch so gut wie keine Paralellen zu Dietrich und seiner Handlungsweise. Die verschiedenen "Friedensbewegungen" des Hochmittelalters waren etwas ganz anderes, obwohl es Berührungspunkte gibt. Die *pax dei* sollte Fehden eindämmen, aber sie war nicht geschaffen, um nationale Katastrophen, wie den Burgundenuntergang, zu verhindern. Neuere Forschungen in der Geschichte unserer Epoche haben allerdings gezeigt, daß die Friedenssuche der Tagespolitik der Stauferzeit keineswegs fremd war. (Althoff) Der Gebrauch des Wortes *vride* in unserem Epos bedeutet fast immer einen vorübergehenden Waffenstillstand oder die Zusicherung eines Kämpfers, daß er einen anderen nicht angreift. So ist z.B. der *vride*, den Hagen Rüdeger gewährt als Gegengabe für den Schild zu verstehen. Das globale Bestreben, Kriege zu vermeiden, und so schnell wie möglich zu beenden, wenn sie ausbrechen, kommt in mehreren Literaturwerken vor. In den Sagas der Isländer finden wir oft Situationen, in denen Katastrophen hätten vermieden werden können, wenn wohlgesinnte Männer einen friedlichen Ausgleich hätten erreichen können. Dieses Motiv ist sehr stark in der *Njalssaga* ausgeprägt, in der die meisten Prozesse geführt werden, um eine friedliche Lösung zu finden. Der Frieden, der so zustande kommt, hält solange, bis jemand die Einigung nicht mehr anerkennen will oder die erarbeiteten Bedingungen nicht erfüllt. In der Saga sind es interessanterweise die Frauen, die oft ihre Männer zur Rache antreiben. Im *Nibelungenlied* gibt es auch einen rechtlichen Vergleich im Friedensschluß zwischen Kriemhilt und ihren Brüdern, bei dem Hagen aber ausdrücklich ausgeschlossen wird. Der Vergleich wird dann schon gebrochen, wenn Gunther Hagen erlaubt, den Schatz - Kriemhilts Mitgift - zu rauben, um ihn in den Rhein zu versenken.

Die Friedensstiftung Dietrichs ist jedoch etwas ganz Anderes. Er ist in gewisser Weise die Personifizierung der Idee, eine Katastrophe hätte sich vermeiden lassen, wenn nur Vernunft stärker gewesen wäre als Hochmut.

Der Nibelungendichter zeichnet seine Figuren fest im Zwang ethischer Verhaltensmuster, aus denen sie nicht ausbrechen können. Kriemhilt bleibt dem atavistischen Racheethos verhaftet. Hagen verkörpert das ebenfalls atavistische Kriegerethos, das heute noch genausowenig wie die Rache ausgestorben ist. Rüdeger und Dietrich verkörpern Versuche, ein neues Ethos des Friedens, verbunden allerdings mit persönlicher Tapferkeit und kriegerischen Leistungen, erzählerisch vorzuführen. Rüdeger stirbt, weil er bereit ist, bzw. gezwungen wird, lehensrechtliche Pflichten auch über seinen eigentlich höher stehenden moralischen Standpunkt zu stellen. Dietrich muß dies nicht tun, da er sich in einer anderen lehensrechtlichen Situation befindet, und daher vorübergehend erfolgreich ist, wo andere nichts erreichen konnten. Sein einziger Auftritt als Krieger ist unmittelbares Ergebnis seiner Friedensbemühungen. Im *Nibelungenlied* werden die Kräfte, die hinter der Katastrophe stehen, endlich zerstört, aber der Preis ist enorm hoch. Daneben läuft aber ständig eine Alternative, die fast jederzeit hätte eingeschaltet werden können.

Es ist also Dietrich von Bern, der die Tugenden verkörpert, die der Nibelungendichter verbreiten wollte. Er ist weder der chevalreske Minneritter, den wir in Sîvrit erkennen, noch ist er der stolze Held der germanischen Vergangenheit, wie ihn Hagen darstellt. Der Dichter läßt uns Hagen bewundern, während wir gleichzeitig seinen Hochmut und seine Inflexibilität verurteilen. Dietrich von Bern hat keine Gelegenheit, sein Programm von Frieden und Diplomatie, verbunden mit dem vernünftigen Einsatz von Macht, in die Tat umzusetzen. Der Dichter läßt aber durch Erzählerkommentare keinen Zweifel, daß diese Alternative das Gemetzel hätte verhindern können.

Die ethische Haltung Dietrichs wird am Anfang des Epos durch Gunthers jüngere Brüder vertreten. Gernot vertritt die

Diplomatie, die Sîvrits Herausforderung in der dritten aventiure entschärfen kann. Später sehen wir Giselher in dieser Rolle, als er sich gegen die Mordpläne Hagens wehrt. (Gernots Haltung in dieser Frage wird nicht klar gezeichnet.) Giselher ist auch der natürliche Führer in den Bemühungen, nach dem Mord Frieden mit Kriemhilt zu schließen.

Die beiden tragischen Helden implizieren verschiedene, aber komplementäre ethische Muster. Das negative Beispiel sowohl von Sîvrit als auch von Hagen lassen als Alternative ein feudal-aristokratisches Ethos erkennen, das auf überlieferten Werten basiert aber durch Vernunft einen Ausweg aus Konfliktsituationen sucht und findet. Man hat schon lange gesehen, daß das *Nibelungenlied* die Gewalt keineswegs glorifiziert, aber die Implikationen dieser Beobachtung sind m.E. noch nicht genügend durchdacht. Vielleicht führt das Modell einer stabilen Feudalgesellschaft, einer vernünftigen Kompromißbereitschaft und geschickter Diplomatie, das man im Handeln Dietrichs erkennen kann, zu einer solchen Interpretation.

Wie das Kapitel über den gesellschaftspolitischen Horizont des Epos gezeigt hat, war dies eine Zeit willkürlicher Gewalt und großer Unsicherheit über gesellschaftliche Werte und die Rolle des Einzelnen. Die Bereitschaft, neue ethische Modelle aus fremder Literatur willkommen zu heißen, zeigt die Empfänglichkeit einer Gesellschaft, deren Mitglieder neue Wege suchten. Der Nibelungendichter sah sehr klar, daß das neue Modell genau so gefährlich wie das alte war, und daß es zum Zusammenbruch der gesellschaftlichen Struktur führen konnte. Aus unserer modernen Sichtweise haben wir stets die Übernahme "höfischer" Werte als einen Schritt nach vorn gesehen, als mildernden Einfluß auf die Barbarei der Zeit. Die fast vollständig negative Auswirkung dieser Werte in der Sîvritgeschichte soll uns darauf aufmerksam machen, daß unsere positive Einschätzung des Höfischen nicht einstimmig von den Zeitgenossen geteilt wird.

Hat die Ansicht, daß die chevalresken Werte der höfischen Literatur eine Rechtfertigung und Legitimierung der sozialen

Mobilität durch Dienst darstellen, überhaupt Gültigkeit, dann wird das chevalreske Ethos als Ganzes demjenigen als Gefahr erscheinen, dessen Interessen von der Territorialisierung oder vom Aufstieg der Ministerialität gefährdet waren. Wie könnte man diese Entwicklung besser bekämpfen als durch eine neue Version einer bekannten Geschichte, in der der Untergang des Helden im Zusammenhang mit den neuen höfisch-chevalresken Werten dargestellt wird. Sîvrits Adoption der Werte der *chevalrie*, der *minne*, des *dienests* lassen ihn die Struktur der Feudalgesellschaft verzerren und bringen ihm schließlich den Tod. Wir können in seinem Schicksal eine Warnung an diejenigen sehen, die die neuen Werte als Rechtfertigung ihrer eigenen Verzerrung der sozialen Rangordnung benutzt haben.

Die "Schichten der Ethik" im *Nibelungenlied* erschöpfen sich nicht in der höfischen und heldischen, die Friedrich Neumann vor mehr als siebzig Jahren beschrieben hat. Wie wir gesehen haben, muß die höfische Schicht noch einmal geteilt werden. So ergibt sich ein dreischichtiges Gebilde. Die Extreme sind das atavistisch Heroische, das durch Figuren wie Hagen, Ortwin und Wolfhart dargestellt wird, und das neumodische Chevalresk-Ritterliche, das von Sîvrit und seinem Verhältnis zu Kriemhilt repräsentiert wird. Dazwischen ist die ordentliche Welt der Erbaristokratie, in der Konflikte zunächst durch Diplomatie gelöst werden. Gunther und seine Brüder verkörpern diese Welt am Anfang des Epos und Dietrich von Bern am Schluß. Diplomatie und Stabilität erreichen ihr Ziel nicht, da ihnen die Macht der extremen ethischen Positionen, die von den beiden tragischen Helden dargestellt werden, entgegensteht. Das Ziel bleibt aber immer durch das Verhalten von Figuren wie Giselher und Dietrich als Alternative sichtbar.

Diese ethische Haltung ist genau das, was wir von einem Dichter am Hof Wolfgers von Passau erwarten müßten. Der Bischof war Diplomat ersten Ranges und gleichzeitig Vertreter der Staufer, einer Dynastie, die sich unermüdlich für die Erbfolge auf dem deutschen Thron einsetzte.

Wir finden zusätzlich interne Hinweise, daß das Epos am Passauer Hof entstanden ist. Eines der wenigen Elemente des Epos, das keine Rolle in der Handlung spielt, ist die wiederholte Erwähnung von Passau bei jeder Reise zwischen Worms und Etzelnburc. Es besteht auch keine innere Notwendigkeit, den Bischof Pilgrim zum Mitglied der Wormser Königsfamilier zu machen (Er ist der Oheim von Kriemhilt und ihren Brüdern). Sein Hof ist immer eine willkommene Unterbrechung der Reise und er freut sich immer, die Burgunder zu sehen. Sogar die Boten Wärbel und Swemmel machen hier halt, um ihm vom bevorstehenden Besuch seiner Neffen und deren Gefolge zu berichten. Die breite Erzählung könnte einen Ruhepunkt zwischen dem Rhein und Etzelnburc erfordern, aber Rüdegers Bechelaren erfüllt diesen Zweck viel besser als Passau. Die plausibelste Erklärung für die Szenen in Passau ist das Bestreben, das "alte Mære" mit der Gegenwart zu verbinden und damit mit dem Hof, an dem wir das Epos vorgetragen denken können. Die lobende Darstellung von Pilgrim kann man dann als Huldigung an den gegenwärtigen Inhaber des Amts, Wolfger von Erla, verstehen. Wenn das Gedicht nicht am Passauer Hof entstanden ist, dann vertritt der Dichter trotzdem Interessen, die sich weitgehend mit denen Wolfgers decken.

Das *Nibelungenlied* ist also ein sehr politisches Gedicht, höchstwahrscheinlich an einem politisch engagierten Hof entstanden. Der politische Erwartungshorizont, den wir im zweiten Kapitel umrissen haben, gibt uns mehrere Ausgangspunkte für eine Interpretation des Epos. Wir haben die mögliche Verbindung zwischen Sîvrit und dem Problem der Territorialisierung sowie eine mögliche Verbindung zwischen Gunthers Schwäche als König und Philipp von Schwaben ersehen können. Darin impliziert ist eine Sorge um politische Stabilität und die Anerkennung traditionell gewordener Machtansprüche. Ein König, der sich als Vasall ausgibt, ist für das politische Gefüge genauso gefährlich wie ein Vasall, der danach trachtet, König zu werden. Siegfried Beyschlag erkannte die

Implikationen solcher Verletzungen der feudalen Ordnung in seinem Aufsatz "Das *Nibelungenlied* als aktuelle Dichtung seiner Zeit." Obwohl Beyschlag andere aktuelle Bezüge wählt als ich, hat seine Grunderkenntnis über das Wesen des Nibelungenepos mich während der Arbeit an diesem Buch stets begleitet. Seine abschließenden Bemerkungen bilden ebenfalls einen passenden Abschluß zu dieser Diskussion.

Was im Epos in Frage gestellt und woran die Todesverfallenheit dieser Welt gezeigt wird, ist die Verkehrung dieser Bindungen und damit der Ordnung der menschlichen Gemeinschaft infolge menschlicher Fehlbarkeit, aus der Ursünde der Sprengung gesetzter Ordnungen. Solche Verkehrung ist: daß der Mann eigenmächtig anstelle der Herren handelt und dadurch deren Funktion der pax und der justitia aufhebt. Unheilgeladene disturbatio mit Verkehungen der Werte mit Unrecht und Leid ist die Folge. In diesen Bildern spiegeln sich quälende Fragen der zeitgenössischen Gesellschaft: Wohin führt der Weg, wenn die Funktionen der Ordnung sich verkehren? Das Nibelungen-Epos anwortet: in den Untergang.

ANMERKUNGEN

Anstelle von gewöhnlichen Fußnoten oder Endnoten habe ich die erwähnte und vorausgesetzte Forschung hier zusammengestellt. Die Autorennamen und Kurztitel beziehen sich auf die Auswahlbibliographie.

Literatur des Mittelalters und der Leser der Gegenwart

Die Überlegungen in diesem Kapitel basieren auf vielen Quellen. Ich verdanke Wellek und Warren eine besonders klare Vorstellung der New Criticism, den man im Groben mit textimmanenter Kritik gleichsetzen kann. Der Aufsatz von Roman Jakobson hat zu einem Kommunkationsmodell der Literatur beigetragen. Alexander Schwarz et al bieten eine nützliche Einsicht in das kommunikative Lesen mittelalterlicher Texte.

Ein klassisches Beispiel für die traditionelle Übersetzung aus dem Mittelhochdeutschen bietet Saran: "Für den Gebrauch empfiehlt sich die Regel: man wähle beim Übersetzen aus dem Mhd., soweit es ohne Zwang geht, andere Wörter als die, welche im Schriftsteller stehen, [...]" (S. 7)

Jauß' Aufsätze zu diesem Thema sind in den beiden in der Bibliographie verzeichneten Bänden gesammelt. Jauß verdankt Gadamer die Grundeinstellung seiner Rezeptionsästhetik. Die Zitate über Gadamers Gedanken finden sich in Linges Einleitung zu einer englischsprachigen Sammlung einiger Essays von Gadamer. Diese Einleitung ist eine übersichtliche Einführung in die philosophische Hermeneutik.

Die thematischen Interpretationen sind von W. Schröder ("Die Tragödie Kriemhilds"), Gottfried Weber, Bert Nagel, Walter Haug ("höfische Idealität") und Hugo Bekker. Man könnte weitere Beispiele nennen.

Der Horizont sozialer und politischer Geschichte

Diese Darstellung der geschichtlichen Hintergründe des Epos folgt im Groben Engels, Bosl, und Jordan. Zum *privilegium minus* siehe Appelt, Jordan (S. 121) und Engels (S. 90f.). Engels beschreibt auch den Kampf zwischen Barbarossa und Heinrich dem Löwen (S. 91-07). Kaiser (*Textauslegung*, 2. Ausg. S. 136-144) beschreibt den Territorialisierungsvorgang. Der Aufstieg Ottos von Wittelsbach wird ausführlich in den Aufsätzen in Glaser dargestellt.

Die grundlegende Arbeit zur Ministerialität ist von Karl Bosl (*Reichsministerialität*). Siehe auch *Frühformen, die Gesellschaft in Deutschland* (S. 73-79) und *Staat, Gesellschaft, Wirtschaft* (S. 174ff.) Gert Kaisers Darstellung der Ministerialität (*Textauslegung*) ist allerdings stark an seine Vorstellung der literarischen Entwicklung angepaßt. Die Vorstellung von Freiheit und Unfreiheit spielt auch eine wichtige Rolle in seiner Darstellung des *Nibelungenliedes* in dem Aufsatz "Deutsche Heldenepik".

Zu den Mainzer Hoffesten siehe Fleckenstein, der auch die primäre und sekundäre Literatur verzeichnet.

Neuere Darstellungen des Rittertums finden sich bei Bumke (*Höfische Kultur, Studien zum Ritterbegriff*), van Winter und Borst (*Rittertum*). Die von Borst herausgegebene Sammlung untersucht das Rittertum aus vielen verschiedenen Blickwinkeln. Reuter bietet einen Forschungsbericht zur Terminologie. Die durch die frühen Studien von Kaiser ausgelöste Debatte setzt sich in den Arbeiten von Bumke (*Ritterbegriff*), Schupp, Peters, Brall und Thum fort. Eine ausführliche Darstellung vom Leben und Wirken des Passauer Bischofs Wulfger von Erla findet sich bei Heger.

Mündlichkeit und Schriftlichkeit im Mittelalter

Mündlichkeit ist zum Modebegriff der geschichtlich orientierten Literaturkritik geworden, ohne daß die Erkenntnisse aus der Mündlichkeitstheorie Parrys und Lords vollständig verarbeitet wurden. Ein Versuch, das Verhältnis von den beiden Darbietungs- und Rezeptionsformen zu beschreiben, findet sich bei Scholz, der trotz einzelner triftiger Beispiele nicht für die Mehrzahl der Belege überzeugen kann. Siehe meine Besprechung in Colloquia Germanica 15 (1982) S. 352-354. Klassische Behandlungen zu diesen Fragen finden sich bei Wattenbach, Chaytor und Crosby. Die kontrastierende Darstellung lateinischer und deutschsprachiger Literaturtraditionen stammt von Bernd Naumann.

Die Einzelheiten der Handschriftenüberlieferung beschreibt Bekker, der sich allerdings auf die vollständigen Handschriften beschränkt. Eine Liste aller Handschriften und Fragmente findet sich bei Krogmann/Pretzel und bei Batts in seiner Ausgabe. Bumke (*Nibelungenklage*) behandelt erneut das Problem der Handschriftenbewertung und einer kritischen Ausgabe. Die Handschrift n wird in den beiden Aufsätzen von Vorderstemann beschrieben. Eine Ausgabe durch Peter Göhler ist angekündigt.

Grundlegende Diskussion zur Mündlichkeitsfrage gibt es bei Havelock, Ong, Goody und Watt. Breit angelegte Darstellungen der mündlichen Heldenepik gibt es bei Bowra, Finnegan und den Chadwicks. Diese Arbeiten leiden unter der Mittelbarkeit ihrer Informationen und der Tatsache, daß sie von sehr unterschiedlichen Auffassungen der Mündlichkeit ausgehen. Eine knappe Einführung in die sog. 'oral poetry' Forschung findet sich bei Haymes, *das mündliche Epos*. Milman Parrys Arbeiten wurden von seinem Sohn Adam Parry gesammelt und in *The Making of Homeric Verse* herausgegeben. Alles aus der Feder Albert Lords ist in diesem Zusammenhang wichtig. Grundlegend ist sein Buch *The Singer of Tales*, das in deutscher Übersetzung (*der Sänger erzählt*) vorliegt. Seine weiteren Schriften werden in der Bibliographie verzeichnet. Bäuml hat vieles zur theoretischen Diskussion der Mündlichkeit im deutschen Mittelalter beigetragen aber seine Formulierung, daß Analphabeten "disadvantaged" sind, ist nicht gerade glücklich. Es ist offensichtlich, daß er damit meint, daß auch der adlige Analphabet von der Welt der Schrift ausgeschlossen ist, aber die meisten hochstehenden Analphabeten werden dies nur selten als Manko empfunden haben. Sein Versuch, schwankende Formeldichte im *Nibelungenlied* festzustellen, um Heuslers Schichtenanalyse in Frage zu stellen, ist ebenfalls unglücklich, da es keinem bisher gelungen ist, mündliche Formel von nicht-Formel zu unterscheiden. Man kann höchstens darstellen, daß die Sprache des *Nibelungenliedes* im Ganzen alle Merkmale einer mündlichen Epensprache aufweist, was Bäuml-Ward, Haymes (*Mündliches Epos in mittelhochdeutscher Zeit*), Borghart, und Curschmann (*Nibelungenlied und Nibelungenklage*) getan haben. Die Übersicht über Nibelungendichtungen berücksichtigt die späten Entwicklungen wie das "Lied vom hürnen Seyfrid" oder die färöischen Balladen, die de Boor und Fuss beschrieben haben, nicht. Die Entwicklung der Versformen vom althochdeutschen Stabreim zur mittelhochdeutschen Strophe mit Endreim wird in Heuslers *Versgeschichte* erläutert. Den Widerspruch zwischen der allmählichen Entwicklung der Versform und der sprunghaften Entwicklung der Sagengeschichte, die er für seine Epentheorie benötigte, hat er nie gelöst. Ernst

Erich Metzner bietet eine detaillierte Darstellung der Tanzstrophe aus Kölbigk neben einer breit angelegten Bibliographie zu dieser höchst interessanten Episode der Literaturgeschichte. Heusler leitet die Nibelungenstrophe von der Kürenbergstrophe ab, eine Hypothese, die durch die völlig an die Strophenform angepaßte Formelsprache sehr unwahrscheinlich gemacht wird. Ebenfalls unwahrscheinlich ist die These Curschmanns (*Nibelungenlied und Nibelungenklage*, S. 94), die Strophe sei erst auf schriftlicher Stufe entstanden. Die verschiedenen Ansichten zur Entstehung der Endreimdichtung findet man bequem im Sammelband von Ernst und Neuser.

Der *Rosengarten zu Worms* erzählt von einer längeren Zeit, in der Sîvrit als Kriemhilts Verlobter in Worms wohnt. Im *Nibelungenlied* heiraten Sîvrit und Kriemhilt sofort nach der Bekanntgabe der Verlobung. Auch kennt der *Rosengarten* den traditionellen Namen für den Vater Kriemhilts und ihrer Brüder. Hier heißt er Gibech, während das *Nibelungenlied* den sonst in diesem Zusammenhang unbekannten Namen Dankrat einführt. Die burgundische Geschichte kennt neben Gundaharius, Godomarus und Gislaharius einen Gibica. Dieser Name erscheint lautgerecht im Norden als Gjuki. Heinzle (*Dietrichepik*) und Hoffmann besprechen die Verhältnisse zwischen dem *Rosengarten* und dem *Nibelungenlied*.

Heuslers Ablehnung der sanglichen Form mittelhochdeutscher strophischen Epen wurde durch Bertau und Stephan, Beyschlag ("Langzeilenmelodien") und Brunner ("Epenmelodien") gründlich widerlegt.

Die Germanistik hat in den letzten Jahrzehnten Heuslers Epen- und Liedertheorie allmählich abgebaut. Werner Hoffmann (*Mittelhochdeutsche Heldenepik*) hat allerdings die Gelegenheit verpaßt, eine neue Synthese aus diesen neueren Gesichtspunkten aufzubauen. Man erkennt hier überall eine Flucht ins Gewohnte. Einerseits zeigt er schon Bereitschaft, das strenge Modell Heuslers aufzulockern, während er die empirisch vorgeführten Ergebnisse der 'oral poetry' fast allergisch ablehnt. Walter Haug hat ein neues Heldensagenmodell entworfen, das den Fortschritten der Mündlichkeitstheorie Rechnung trägt. Für die althochdeutsche Zeit finden wir eine moderne Darstellung in der neuen Literaturgeschichte von Kartschoke.

The Wedding of Smailagić Meho erschien als die Bände 3 und 4 der *Serbocroatian Heroic Songs* in der Ausgabe von Albert B. Lord. Die biographischen Angaben über Njegoš entstammen hauptsächlich der Biographie von Milovan Djilas. Siehe auch Haymes, "Formulaic

Density", für Einzelheiten über diesen Vergleich. Frys These steht in seinem Aufsatz über Caedmon in der Festschrift für Albert B. Lord.

Zur Gattungsfrage des Nibelungenliedes

Dieses Kapitel ist in vielen Einzelheiten den Schriften Cullers verpflichtet, ohne daß man ihn für meine ganze kritische Haltung verantwortlich machen darf. Cullers Vorstellung der literarischen Kompetenz, wie Chomsky's Begriff der sprachlichen Kompetenz, erlaubt eine fast unendlich breite Variation solange man sich an den "accepted modes of intelligibility" orientiert. Mein Gattungsbegriff leitet sich eklektisch von Hirsch, Culler und Guillén ab. Croces Vorstellung aus den *Estetica* (1902) zitiere ich nach Hernadis Beschreibung der Gattungsdiskussion. Wolframs Lyrik zitiere ich nach der Ausgabe von Wapnewski. Eine viele zu wenig bekannte Behandlung des Tagelieds findet sich bei Jonathan Saville.

Eine weit kompliziertere Darstellung der Romangattung bei Hartmann steht bei Cormeau, aber er verfolgt andere Ziele in seiner Beschreibung. Die Wichtigkeit Hartmanns als gattungsfestigender Autor läßt sich in den Auseinandersetzungen mit seinem Modell bei Wirnt von Gravenberc, dem Stricker, und vor allem Wolfram von Eschenbach erkennen. Weitere Diskussionen zur zentralen Stelle der Hartmannschen Romane in der Gattungsfrage findet sich bei Fromm ("Doppelweg") und Haug ("Symbolstruktur").

Die mündliche Sprache des *Nibelungenliedes* wird mehrfach behandelt. Siehe besonders Haymes (*Mündliches Epos*), Borghart, Curschmann ("Nibelungenklage"), Bäuml und Ward, und Pároli. Franz Bäuml besteht schon seit seinen ersten Aufsätzen auf einem komplexeren Verhältnis zwischen dem *Nibelungenlied* und seinen mündlichen Vorstufen als etwa Haymes (*Mündliches Epos*) oder Borghart.

Sîvrit und seine literarischen Vorbilder

Siehe besonders Wachinger und Beyschlag zur Frage der Vorausdeutung. Man hat die Wirkung der Vorkenntnis der Fabel beim Publikum bei der Diskussion der Rezeption zu wenig beachtet. Traditionelle Geschichten sind oft um vorausdeutende Mechanismen gebaut. Der Gebrauch von Träumen und Wahrsagern, um Hörererwartung zu erwecken, ist offensichtlich in der germanischen Erzähltradition weit verbreitet. Die isländischen Sagas gebrauchen solche Techniken, um größere Erzählwerke zu strukturieren. *Njals Saga* ist ein gutes Beispiel, da lange Teile der Saga sich einfach mit dem Herausspinnen der von Njal vorhergesehenen Begenbenheiten beschäftigen.

Achauer untersucht die philologische Seite des Ausdrucks "minne" im *Nibelungenlied*, Die Rolle der Minne in der Handlung behandelt er jedoch kaum. Nagel widmet diesem Motiv auch größeren Raum in seiner Studie des Epos, aber seine Ansicht ist die traditionelle Vorstellung, die Minne sei nur höfisches Kolorit, das nur deswegen aufgetragen wird, um die alte Geschichte für den neuen Geschmack erträglich zu machen. Er behandelt nirgendwo die Verwandlung der traditionellen Geschichte durch die Minne. Die traditionelle germanistische Auffassung von "hoher Minne" wird durch Friedrich Neumann im gleichnamigen Aufsatz erörtert.

Die Darstellung von Sîvrits Jugend wird auch gewöhnlich als höfische Auffrischung der alten Mären angesehen. Die beste Behandlung dieser Frage ist Haugs Aufsatz "Höfische Idealität," dessen Interpretation ein fast perfektes Spiegelbild der hier vertretenen entwickelt. Haug sieht eine Montage der heroischen Elemente in eine an sich höfische Geschichte. Dabei entwickelt er viele treffende Beobachtungen zu den höfischen Elementen in der Sîvritgeschichte. Ich werde die Berührungen mit meiner Darstellung nicht Punkt für Punkt ausführen, da sie einfach zu zahlreich sind. Hartmanns Einstellung zur Tötung Askalons durch Iwein ist ebenfalls Gegenstand einer lebhaften Diskussion. Hat Hartmann Iweins Tat verurteilt? Brennpunkt dieser Diskussion ist die Zeile "her Iwein jaget in âne zuht"(1056), wobei die Frage bleibt, ob man 'âne zuht' einfach die Heftigkeit der Verfolgung meint, oder ob hier eine moralische Wertung der Tat vorliegt. Gert Kaiser sieht diese Szene als Episierung der Territorialisierung und das Negative nur in Iweins Verlassen der neu erworbenen Verantwortlichkeit als Herr des Landes. Volker Schupp gebraucht die Bilderzyklen in Schmalkalden und Rodeneck, um zu zeigen, daß die Ministerialen der Zeit Iweins Machtübernahme positiv gesehen haben.

Göhler macht Sîvrits Ankunft zum Ausgangspunkt seiner Interpretation. Er sieht in dieser Szene die Grundlegung der Spannungen, die später zur Ermordung Sîvrits führen werden.

Panzer (S. 183f.) beschreibt die aus dem Minnesang entlehnten Elemente, ohne eine klare Aussage über ihren Zweck zu machen. Nagel berührt ebenfalls diesen Punkt (S. 51). Minnesang spielte bisher nur eine winzige Rolle in der Interpretation des Epos.

Die zentrale Bedeutung der Dienstmannfiktion für die Sîvritgeschichte wird durch Bekker (Literary Analysis, S. 84-100) hervorgehoben. Jan-Dirk Müller hat die politischen Bezeichnungen für Sîvrit sowie ihre Bedeutung für die Figuren, die sie gebrauchen, ausführlich behandelt ("SÎVRIT"). Sîvrits Reise ins Nibelungelant, um seine Mannen zu holen, hat die Kritik bisher immer in Verlegenheit gebracht. Meistens wird sie als Relikt aus der heroischen Vergangenheit verstanden, aber unser Nibelungendichter hat so gut wie nichts aus dieser Vergangenheit in das neue Epos hereingebracht, wenn es keine Rolle in seiner neuen Deutung des Stoffes gespielt hat. Daß diese Episode (sowie der Sachsenkrieg) Gelegenheiten für Sîvrits Dienstleistung bietet, ist noch kein Gemeinplatz der Interpretation.

Die Form und Rolle des höfischen Zeremoniells wird ausführlich von Dürrenmatt behandelt. Die meisten Interpreten sehen die Botenszene als weiteres Beispiel für Sîvrits vorbildliches höfisches Benehmen und nicht als standesverletzende Dienstleistung.

Die Hochzeitsszene hat selbstverständlich viel Aufmerksamkeit auf sich gelenkt. Traditionalisten haben hier die Bestätigung einer früheren Beziehung zwischen Sîvrit und Prünhilt gesehen. Prünhilt weint aus Eifersucht, weil der Mann, den sie liebt, mit einer anderen vermählt wird. Diese Einstellung ignoriert die Tatsache, daß unser sonst so mitteilungsfreudige Dichter jede Spur einer früheren Bekanntschaft zwischen den beiden getilgt hat, und daß er uns eine plausible Erklärung für ihr Unglück liefert. Bekker (S. 90) ist der Meinung, daß wir Prünhilt glauben sollen, während Ihlenburg (S. 175-176) zur Meinung neigt, daß Prünhilt die Dienstmannfiktion nicht glaubt.

Die Literatur über den Frauenzank geht ins Uferlose. Hauptgegenstand ist das Verhältnis zwischen der Fassung im *Nibelungenlied* und der in den nordischen Texten. Beyschlag erkennt die politische Dimension sehr klar ("Motiv der Macht") in einer Studie, die viele Züge mit der hier vorgetragenen Interpretation teilt. Beyschlag erwähnt auch Kremhilts Anspruch auf einen Teil des Reichs und deutet ihn als Teil einer durchgehenden Beschäftigung mit Fragen der politischen Macht im Epos.

Eine Studie von Andersson ("Why does Siegfried die?") untersucht die vielen Motivierungen für den Mord an Sîvrit und findet kein überzeugendes Motiv für den Mord.

Bekker bespricht die Frage der Königsmacht auf S. 69-83 in seiner *Literary Analysis*.

Der Burgundenuntergang

Heusler beschreibt die 'ältere Not' in *Nibelungensage*, S. 37ff. Andersson beschreibt die Gestaltung der ersten Hälfte der Saga nach dem Vorbild der zweiten in seinem *Preface to the Nibelungenlied*, S. 135-143. Panzer bietet eine breite Skala an möglichen Quellen für das *Nibelungenlied*. Das Kapitel "Quellen der Erzählung" ist das umfangreichste im ganzen Buch. Die Schwäche von Heuslers Vorgeschichte wurde bereits besprochen. Sie baut auf nicht-existente Texte und setzt fest memorierte Überlieferung für alle mündlichen Werke voraus. Panzer bietet auch eine Zusammenstellung der Unstimmigkeiten im Epos (S. 445f.) Andersson (Preface) ist der Meinung, die ganze *Þiðrekssaga* sei nur eine Übersetzung einer im Kloster Weddinghausen (Westfalen) geschriebenen Chronik. Seine Indizien dafür reichen nicht aus, um die zahlreichen Angaben vom Sagamann selbst über seine deutsche Quellen zu überwiegen.

Hagen und die heroische Tradition

An der Figur Hagens scheiden sich die Geister. Dickerson und Bekker liefern ein sehr negatives Bild. Stout bietet keine einheitliche Perspektive in seiner umfangreichen Studie. Die meisten Kritiker der werkimmanenten Schule (wie z.B. Werner Schröder) lassen sich durch ihr Kriemhilt-Bild zu einem negativen Hagen-Bild verleiten.

Joseph Campbell bietet sein durch C.G. Jung beeinflußtes Bild der Heldengestalt in seinem bahnbrechenden *Hero with a Thousand Faces*. Die Heldenbiographie wird von Archer Taylor in einer Zusammenfassung mehrerer Behandlungen der Frage beschrieben. Der dunkle Held wird wenig behandelt, obwohl er eine verbreitete Figur in der germanischen Erzählwelt war. Jesse Byocks Darstellung von Egil Skallagrímsson gehört zu den wenigen Behandlungen der Frage. Lars Lönnroth beschreibt den dunklen Helden unter den Gestaltentypen in den isländischen Sagas (*Njál's Saga*), wobei er auf die Verwandschaft mit der Gestalt Oðins hinweist. Weitere Literatur bei Haymes ("Hagen the Hero").

Kriemhilt

Die Literatur zur Gestalt Kriemhilts ist unübersehbar. Werner Schröders Behandlung der "Tragödie Kriemhilts" (Nachgedruckt in seinen *Nibelungenlied-Studien*) kann als Stellvertreter für viele Forscher stehen und er hat sie zum Mittelpunkt seiner Studie über das Epos gemacht. Die Ansicht, die hier vorgetragen wird, steht zweifellos in der Minderheit, aber sie wird vom Text und der Handlungsstruktur des Epos getragen. Die negative Darstellung der Kriemhilt im Rosengarten zu Worms wird bei Heinzle (*Dietrichepik*) und de Boor erörtert.

Sein und Schein

Es gibt m. W. wenig Forschung über die Behandlung von *Sein* und *Schein* in vorliterarischer Kultur, aber die Thesen, die hier vorgebracht werden, leiten sich von Beobachtungen von Goody und Watt, Lord, und Ong ab. Bäuml entwickelt auch einige dieser Ideen in mehreren Aufsätzen, besonders in "Unmaking of the Hero."

Dürrenmatts Untersuchung der höfischen Elemente im *Nibelungenlied* übersieht die Tatsache, daß unser Epos die Äußerlichkeiten weit stärker betont als die höfischen Epen.

Die Unterminierung von Hagens Charakter wird von Northcott und Bekker besprochen. Beide Studien übersehen die strukturelle Heldenrolle, die im Gegensatz zu dieser Unterminierung steht. Es ist selbstverständlich dieser Widerspruch zwischen der traditionell/strukturellen Heldenrolle und dem Fehlen wirklich heldenhafter Qualitäten, die ihn als rein positive Figur disqualifiziert. Dasselbe gilt *mutatis mutandis* für Sîvrit.

Alternative zum Heldentum

Da dieses Kapitel viele Einzelheiten aus früheren Kapiteln zusammenfaßt, werde ich die Dokumentation hier nicht noch einmal aufführen. Die wiederholten Versuche der Staufer, die Erbfolge für das deutsche Königtum einzuführen, wurden vorher nur am Rande erwähnt. Diese Bemühungen und die besondere Regelung der Erbfolge im privilegium minus zeigt die Wichtigkeit dieser Frage in den staufischen Bestreben, Stabilität sowohl für ihre Dynastie als auch für das deutsche Reich zu sichern. Engels behandelt die Erbfolge auf S. 105ff.

Jochen Splett hat das bedeutendste Buch über Rüdeger geschrieben. Der Markgraf wird auch besonders eindringlich bei Weber, Ihlenburg und Nagel dargestellt. Die Episode mit der Schildübergabe wird von Wapnewski und Thelen untersucht.

Die Behandlung Dietrichs in diesem Abschnitt ist sehr stark Ihlenburg verpflichtet, der Dietrich als den Mann, der das morsche feudale Ethos erkennt und ablehnt, beschreibt. Dieses letzte Ergebnis würde ich dahingehend revidieren, daß der Nibelungendichter die feudale Struktur wirklich stabilisieren wollte und daß Dietrichs Abweichung vom überlieferten Ethos den Zweck hat, den Feudalismus zu retten, nicht zu überwinden. Ihlenburg gebührt die Ehre jedoch, Dietrich als Vorbildfigur im Epos erkannt zu haben. Heinzle (*Dietrichepos*, S. 188-190) untersucht das sogenannte Zagheitsmotiv in der späteren Dietrichepik.

Die Aufsätze, die Gerd Althoff unter dem Titel *Spielregeln der Politik im Mittelalter* gesammelt hat, belegen die Entwicklung einer diplomatischen Konfliktlösung vor allem im 12. Jahrhundert.

Der *locus classicus* für das zweistöckige Ethos des *Nibelungenliedes* ist Neumann, "Schichten der Ethik".

Die Rolle von Passau in der Entstehung des *Nibelungenliedes* wird von Heuwieser, Kralik, und Voorwinden untersucht. Panzer findet dafür ebenfalls Argumente S. 369-374. Heger liefert auch einen Rahmen dafür in ihrer Studie über Wulfger (*Das Lebenszeugnis Walthers von der Vogelweide*).

Das abschließende Zitat stammt von Beyschlags Aufsatz "Das *Nibelungenlied* als aktuelle Dichtung seiner Zeit", S. 230.

ANHANG

I. Handschriften und Fassungen

Der Text des *Nibelungenliedes* ist in mehr als dreißig Handschriften und Fragmenten aus dem Mittelalter überliefert. Keine dieser Handschriften beinhaltet den Originaltext des Autors und alle enthalten kleinere oder größere Abweichungen voneinander. Die vollständigen Handschriften werden in Peter Jörg Beckers Darstellung der Überlieferung mittelhochdeutscher Epik behandelt. Die Handschriften und Fragmente werden auch in der Bibliographie von Krogmann und Pretzel sowie in der großen Parallelausgabe von Batts beschrieben. Bis auf eine Ausnahme enthalten alle vollständigen Handschriften auch die *Klage*.

Die Handschriften und Fragmente werden mit Buchstabensiglen gekennzeichnet, die von Lachmann für seine 1826 erschienene Ausgabe festgelegt wurden. Die Reihenfolge der Handschriften richtet sich grob nach dem Alter, wobei die Großbuchstaben die alten Pergamenthss., die Kleinbuchstaben die Papierhss. (sowie die einzige späte Pergamenths.) bezeichnen. A, B und C bezeichnen die drei wichtigen Pergamenthss. aus dem 13. Jahrhundert. Der Text in Hs. A ist der kürzeste der drei mit 2316 Strophen und lagert jetzt in der Staatsbibliothek in München. Die Handschrift enthält nur das *Nibelungenlied* und die *Klage*.

Hs. B hat 2376 Strophen (die drei zusätzlichen Strophen in der Bartsch-de Boor Ausgabe stammen aus den Hss. A und C). Diese Hs. gehört zu den wichtigsten Trägern deutscher Dichtung aus der Zeit, da sie nicht nur den besten Text für das *Nibelungenlied* enthält, sondern auch die besten Texte für Wolframs *Parzival* und *Willehalm* sowie für den *Karl den Großen* des Strickers.

Die Hs. C, die älteste der drei Haupthandschriften, wurde schon früh als stark abweichende Fassung erkannt. Die Tatsache, daß diese die umfangreichste der Handschriften ist und daß sie viele Schönheitsfehler der "gemeinen Leseart" (Hss. A und B) beseitigt, hat für diesen Überlieferungszweig viele Befürworter gewonnen. Der Handschrift fehlen sechs Blätter, die durch spätere Handschriften ergänzt werden müssen. Der so gewonnene Text mißt 2439 Strophen. Wie Hs. A enthält C nur das *Nibelungenlied* und die Klage.

Da keine der Handschriften das Original auch nur einer Fassung vertreten kann, spricht man gern von den Fassungen bzw. Versionen *A, *B, und *C wobei das aus der historischen Sprachwissenschaft kommende Sternchen auf rekonstruierte Größen hindeutet. Die Fassung *A wird heute als eine Verkürzung von *B angesehen, während *C eine sprachliche und inhaltliche Revision der früheren Fassungen darstellt. Heute argumentiert so gut wie keiner mehr für eine Priorität der in der Hs. C erhaltenen Fassung. Werner Betz argumentiert jedoch, daß diese Fassung manchmal ältere (und daher seiner Meinung nach bessere) Lesarten bewahre als die Handschriften des *B-Zweigs.

Es gibt weitere terminologische Eigenheiten. Die Forschung des neunzehnten Jahrhunderts unterscheidet gern zwischen "der nibelunge nôt" (der Fassungen *A und *B) und "der nibelunge liet" (Fassung *C). Diese Bezeichnungen leiten sich von der "Titelangabe" in der letzten Zeile des Epos her. In der Hs. B finden wir die folgende Halbstrophe am Schluß (zitiert nach Batts):

dar zv di edeln knehte ir lieben frivnde tot
da hat daz maere ein ende: diz ist der Nibelvnge not. (Hs. B, Str. 2376)

Die Hs. C schließt mit den folgenden Zeilen (ebenfalls nach Batts):

wie ir dinch an geviengen sit der Hvnen diet

hie hat daz maere ein ende: daz ist der Nibelunge liet (Hs. C, Str. 2439

Man spricht also gerne von der "nôt-Fassung " bzw. der "liet-Fassung". Diese decken sich im Groben mit der *B-Fassung und der *C-Fassung, da B und C die besten Handschriften der beiden Stränge sind.

Alle Ausgaben stellen Kompromisse mit der starken Vielfalt der Überlieferung dar. Die einzigen Ausgaben, die dem Leser Texte bieten, die auch im Mittelalter bekannt waren, sind die Facsimile-Ausgaben der Hss. B und C und die diplomatische Ausgabe von C von Engels. Vielleicht die beste Lösung bietet Batts in seiner Parallelausgabe der drei Haupthandschriften in diplomatischer Abschrift. Eine vierte Spalte zeigt die wichtigsten Abweichungen der übrigen Handschriften. Diplomatische Abschriften der Hss. A, B, C und n sind am Web-Site der Universität Wien zugänglich.

Die Kontroverse über den relativen Wert der Handschriften und, auf einer anderen Ebene, der Fassungen haben das tatsächliche Alter und die Geschichte der erhaltenen Handschriften weitgehend ignoriert. C ist die älteste der vollständigen Handschriften und wird manchmal sogar um 1220 herum datiert. Ein Fragment (Z) ist vielleicht noch älter, aber der darin enthaltene Text gehört auch zur Redaktion *C. A und B stammen aus der zweiten Hälfte des 13. Jahrhunderts. Eine kleine Gruppe von Handschriften und Fragmenten gruppiert sich um das Jahr 1300 und dann fällt die Handschriftenproduktion stark ab. Obwohl die Heldenepik im 15. Jahrhundert eine Renaissance erlebte mit den elf vollständigen Handschriften des großen *Wolfdietrich* neben zwei Frühdrucken des *Heldenbuchs*, finden wir nur sieben Handschriften und Fragmente des *Nibelungenliedes* aus dem gleichen Zeitraum. (Das *Nibelungenlied* wurde erst im 18. Jahrhundert gedruckt.) Die letzte Handschrift von unserem Epos findet sich im großen *Ambraser Heldenbuch*, geschrieben im Zeitraum 1504-1516 vom Bozener Zollschreiber Hans Ried im Auftrag vom Kaiser Maximilian I. Die Handschrift darf immer noch als mittelalterlich gelten, weil Ried frühe Vorlagen abgeschrieben hat und offensichtlich einem antiquarischen Interesse seines Auftraggebers entsprochen hat. Es soll uns daher nicht überraschen, daß das längst aus der Mode gekommene *Nibelungenlied* hier unter anderen frühen Texten (wovon einige nur in dieser Handschrift überliefert sind) zu finden ist.

Hauptfragen der Nibelungenforschung

Das *Nibelungenlied* hat seit Beginn der akademischen Germanistik am Anfang des 19. Jahrhunderts eine zentrale Rolle gespielt. Eine Geschichte der frühen Germanistik heißt sogar im Untertitel "Eine Studie zur sozialen Organisation der Germanistik im 'Nibelungenstreit'" (Kolk) Die Nibelungeforschung gliedert sich in drei Hauptgebiete, die sich auch mehr oder weniger mit den Epochen der Forschungsgeschichte decken. Die erste Phase beschäftigte sich mit den Handschriften und Fassungen des Epos vor allem in Hinblick auf die Herstellung einer brauchbaren Textausgabe für Leser und Studenten. Die zweite Phase untersuchte das Verhältnis zwischen dem mittelhochdeutschen Nibelungenepos und den übrigen Zeugnissen der Nibelungensage mit besonderer Berücksichtigung der Sagengeschichte. Die neueste Phase ist die interpretatorische Beschäftigung mit dem Epos als Literaturwerk seiner Zeit. Die folgenden Bemerkungen sollen dieses Buch in die Geschichte der Nibelungenforschung einordnen. Es gibt mehr als genug Darstellungen der Nibelungenforschung. Neben den Bibliographien von Krogmann-Pretzel und Überschlag bieten die Forschungsberichte von Abeling, Beyschlag und vor allem Werner Hoffmann in seinem Metzler-Band weit vollständigere Information über dieses weite Feld, als hier geboten werden kann.

Die Herstellung einer kritischen Ausgabe. Nach den ersten Ausgaben, die sich meist als Abschriften einzelner Handschriften gestaltet haben, stellte sich die Nibelungenforschung der ersten Generation die Aufgabe, eine kritische Ausgabe unter Berücksichtigung aller bekannten Handschriften herzustellen. Der erste "wissenschaftliche" Herausgeber des Epos war der aus der Altphilologie kommende Karl Lachmann (1793-1851). Er erkannte in den Handschriften drei Fassungen, die mehr oder weniger stark voneinander unterschieden waren. Diese drei Fassungen werden in erster Linie durch die drei nahezu vollständigen Handschriften aus dem 13. Jahrhundert vertreten. Lachmann gab diesen Handschriften die Siglen A, B, und C, wobei die Reihenfolge seine eigene Beurteilung des relativen Wertes der Handschriften für eine kritische Ausgabe darstellt. Lachmanns Epentheorie leitete sich von der Homerforschung ab und besagte, daß das Epos durch Zusammenflicken einzelner Episodenlieder entstanden sei. Die Hs. A als kürzeste (2316 Strophen) und am flüchtigsten geschriebene der Haupthandschriften bot Lachmann genügend Gelegenheit, Flickstellen und Unstimmigkeiten zu erkennen. Lachmann veröffentlichte seine Untersuchung ("Über die ursprüngliche Gestalt . . . ") schon im Jahre 1816 und die Ausgabe zehn Jahre später. In dieser Ausgabe legte er besonderen Wert auf die "Bezeichnung des Unechten" und die Aufteilung des Ganzen in zwanzig "Gesänge" nach homerischem Vorbild. Lachmanns Epentheorie beeinflußte sowohl die Wahl einer Haupthandschrift als auch die Bewertung der Lesarten, was dazu führte, daß diese Ausgabe keineswegs als eine nur von der Überlieferung gesteuerte kritische Ausgabe gelten kann.

Adolf Holtzmann baute seine Anti-Lachmann Epentheorie auf eine positive Beurteilung vom Text der Handschrift C. Den Mittelweg bahnte Karl Bartsch mit seiner kritischen Ausgabe (mit Lesarten und Wörterbuch) des Epos an, die in den Jahren 1870-1880 erschienen ist. Für Bartsch war die Hs. B die dem Archetypus am nächsten stehende. Auf diesem kritischen Text baute er die populäre Ausgabe in der Reihe "Deutsche Classiker des Mittelalters" bei Brockhaus auf. Diese Ausgabe bleibt in der Bearbeitung Helmut de Boors (und der weiteren Betreuung durch Roswitha Wisniewski) die Standardausgabe. Die zweisprachige Taschenbuchausgabe von Helmut Brackert basiert ebenfalls hauptsächlich auf der von Bartsch.

Wilhelm Braune lieferte eine auf Lachmannscher Editionspraxis aufgebaute Darstellung der Nibelungenüberlieferung im letzten Jahr des alten Jahrhunderts. Für mehr als ein halbes Jahrhundert herrschte Braunes Handschriftenstammbaum über jede Diskussion nibelungischer Überlieferungsfragen. Auch für Braune war B das beste Zeugnis für die "ursprüngliche Gestalt" des Epos.

Helmut Brackerts 1963 erschienene Arbeit unterzog Braunes "gesicherte" Ergebnisse einer vernichtenden Kritik. Er zeigte, daß die herkömmliche, auf einem Stammbaum basierende Textkritik in diesem Falle gar nicht durchzuführen ist. Es läßt sich z.B. für die erste Aventiure überhaupt kein Stammbaum konstruieren, da sich die Fassungen mehrfach kreuzen. Joachim Bumkes neues Studium über die Überlieferung der Nibelungenklage zeigt, daß die Voraussetzungen für die klassische Handschriftenkritik in der mittelhochdeutschen Überlieferung gar nicht gegeben sind. Die Arbeiten Brackerts und Bumkes haben die Möglichkeit einer kritischen Ausgabe stark in Frage gestellt. Wir müssen auf jeden Fall bedenken, daß die Texte der gedruckten Ausgaben keinen mittelalterlichen Text wiedergeben. Die einzigen Ausnahmen bieten die "diplomatischen" Ausgaben. Die Handschrift C finden wir in der Ausgabe von Engels, während alle drei Haupthandschriften in der großen Parallelausgabe von Batts buchstabengetreu abgedruckt sind. Zweihundert Jahre Beschäftigung mit diesem Text haben am Ende zu keinem befriedigenden Ergebnis führen können.

Bumkes Studie hat den Begriff "Fassung" gleichzeitig ausgedehnt und präzisiert. Durch einen akribischen Vergleich der frühen Handschriften der Hauptwerke der mittelhochdeutschen Klassik stellt er fest, daß jede frühe Handschrift eine eigene Fassung des betreffenden Werks darstellt, daß jeder Schreiber selbständige Änderungen im Text vorgenommen hat und zwar in einem Maße, daß ein kritischer Text im Sinne Lachmanns unmöglich wird. Bumke plädiert für Ausgaben, die der Vielfalt der Fassungen gerecht werden. M. E. wäre auch für das *Nibelungenlied* eine Ausgabe, die sich möglichst streng an eine gute Handschrift hält, die beste Lösung. Die Bartsch-de Boor-Wisniewski Ausgabe erfüllt diese Forderung nicht, da sie keinen dem Mittelalter bekannten Text liefert, sondern eine moderne Rekonstruktion, die Lesarten und sogar ganze Strophen (z. B. 1 und 3) aus anderen Fassungen einfügt, ohne den Leser zu informieren.

Sagen- und "Quellen-" Kritik. Wie schon ein paarmal erwähnt wurde, ist das *Nibelungenlied* nicht das einzige Erzählwerk des Mittelalters, das sich mit dem Nibelungenstoff beschäftigt. Das Vorhandensein von einigen altnordischen Texten hat schon seit Anfang der Nibelungenforschung zu Versuchen geführt, eine einheitliche Nibelungensage aus den disparaten Quellen herauszukristallisieren. Wilhelm Grimms Sammlung verschiedenster Zeugnisse der Heldensage aus dem Jahre 1829 enthielt auch einen Versuch, die Sage als einheitliche Geschichte zu erzählen. Durch Popularisierungen wie die von Gustav Schwab und künstlerische Gestaltungen wie Richard Wagners *Der Ring des Nibelungen* und Friedrich Hebbels *Die Nibelungen* wurde die Nibelungensage zum allgemeinen Bildungsgut in der deutschsprachigen Welt.

Germanistische Komparatisten wie Walter Paton Ker aus Schottland und Andreas Heusler aus der Schweiz haben um die Jahrhundertwende eine erneute wissenschaftliche Beschäftigung mit der Sagengeschichte unter Berücksichtigung vor allem der altnordischen Quellen in Gang gesetzt. Ich habe Heuslers Epentheorie oben (Kap. 3) besprochen. Seine Sagentheorie entwickelt sich konsequent aus seiner Liedertheorie, die seinerseits auf einer für die germanische Zeit kaum vertretbare Theorie der individuellen künstlerischen Schöpfung baute. Heusler meinte, die Entwicklung der Sage sei in wenigen Schritten geschehen, wobei jeder Schritt durch eine literarische Neukomposition hervorgebracht wurde. Sein sagengeschichtlicher Stammbaum wurde seiner Einfachheit wegen zum Lehrgut der Altgermanistik. Obwohl er nie unangefochten und im Laufe der fünfziger Jahre durch den Lauf der Forschung völlig entkräftet war, erscheint Heuslers Stammbaum in praktisch jeder Studie zum *Nibelungenlied* bis einschließlich 1994 (Heinzle, *Einführung*, 2te Ausgabe). Weitere Versuche durch Dietrich Kralik und Kurt Wais, einen Stammbaum zu erstellen, haben nur gezeigt, daß man schlecht aus nicht überlieferten Quellen einen stichhaltigen Stammbaum entwickeln kann. Das Gleiche gilt für die Arbeiten der wenigen Forscher, die auf das brüchige Fundament der Heuslerschen Theorien weiter bauen wollten (Andersson, Wisniewski). Walter Haug hat unter dem Einfluß der oral poetry Forschung versucht, ein neues Heldensagenmodell zu entwickeln, das der Variabilität der Texte in der Mündlichkeit Rechnung trägt. Eine Übersicht über die Nibelungen- und Dietrichsagen unter Berücksichtigung der mündlichen Epentheorie bietet Haymes-Samples.

Literarische Interpretationen. Die literarische Interpretation des *Nibelungenliedes* ist erst seit etwa 1920 ein Unternehmen der Germanistik geworden. Theodor Abeling mußte noch 1907 feststellen: "Auf dem Gebiete der ästhetischen Würdigung ist bisher nur wenig geleistet." (S. 242) In seiner 111 Seiten umfassende Darstellung der Nibelungenforschung widmet er nur vier Seiten der "ästhetische[n] Würdigung".

Vielleicht die wichtigste der frühen Studien für die hier vorgelegte Interpretation des *Nibelungenliedes* ist der 1924 erschienene Aufsatz Friedrich Neumanns mit dem Titel "Schichten der Ethik im *Nibelungenlied*." Augangspunkt für seine Interpretation ist die Spannung zwischen heroischer und höfischer Ethik im Epos.

Schon vor dem Ende des zweiten Weltkriegs zeichnete sich eine weit stärkere Beschäftigung mit der literarischen Interpretation des Epos ab. Das große Buch von Friedrich Panzer bietet viele bis heute gültige Einblicke in das Werk. Nelly Dürrenmatts Dissertation, die das Verhältnis zur höfischen Dichtung untersucht, ist auch schon 1945 erschienen. Diese Tendenz gipfelte in Bodo Mergells 1950 erschienenem Aufsatz, der das Epos zum höfischen Roman machen wollte. Die Reaktion zur gemanisierenden Tendenz beim Mißbrauch des *Nibelungenliedes* im Dritten Reich führte zu einer ziemlich strengen Textimmanenz in den Interpretationen von Gottfried Weber, Bert Nagel und Werner Schröder, die zusammen mit der Ausgabe (sowie der Darstellung in seiner Literaturgeschichte) von Helmut de Boor das Bild der Nibelungenforschung in den 50er und 60er Jahren beherrscht haben. Diese großangelegten Versuche, weltanschauliche Einheit aus dem überlieferten Text des *Nibelungenliedes* zu gewinnen, führte fast automatisch zur Reaktion. Schon 1964 fand Friedrich Neumann keine einheitliche Idee im Epos. Hans Fromm führte das Fehlen einer solchen auf die "eingeschränkte Autorität" des Nibelungendichters wegen der Konkurrenz gleichzeitiger "nibelungischer Mündlichkeit." Joachim Heinzle ging den letzten Schritt in dieser Richtung, als er das *Nibelungenlied* einfach "interpretationsbedürftig" schalt und sich weigerte, eine Interpretation zu versuchen, ja Interpretationen des Werks einfach als "Sinnunterstellung" abtat. So kommt man nicht weiter.

Ich habe oben in den ersten Kapiteln dieser Studie die Schwächen der reinen Textimmanenz dargestellt und nach einem historischen Horizont für das Werk in seiner literarischen, gesellschaftlichen und politischen Umgebung gesucht. Ihlenburg hat in seiner bahnbrechenden Studie auf die Wichtigkeit gesellschaftspolitischer Konstellationen für ein Verständnis des Epos hingewiesen. Die Welle sozialgeschichtlicher Interpretationen mittelhochdeutscher Literatur in den späteren siebziger Jahren hat das *Nibelungenlied* nur am Rande gestreift (Jan-Dirk Müller, Haymes "Chevalerie", Kaiser "Deutsche Heldenepik," Rupp), obwohl einige ihrer Anliegen bereits bei Beyschlag ("Motiv der Macht") und Ihlenburg angeschnitten werden Diese Arbeiten führen in verschiedene Richtungen, werden aber keineswegs, wie von Hoffmann behauptet, pauschal durch die Aufsätze von Knapp und Thomas entkräftet. Kapitel 2 und 5 der vorliegenden Arbeit führen einen Gebrauch mehrerer ihrer Ergebnisse vor.

Fragen der Überlieferung, Berührung mit anderen Literaturwerken (bzw. mit anderen Literaturen) und vor allem der Rezeption bestimmen die heutige Landschaft der *Nibelungenlied*forschung. Die Bibliographie von Doris Überschlag, die nur die Zeit von 1980 bis 1992 erfassen sollte, enthält 686 Titel, wobei fast die Hälfte Rezeptionsfragen behandeln. Dabei spielen die literarischen, künstlerischen, und musikalischen Behandlungen des Stoffes in der Neuzeit bei weitem die größte Rolle. Das *Nibelungenlied* ist in den letzten Jahrzehnten zur Fundgrube für Schöpfer von Film, Drama, Roman und Comics geworden und die Rezeptionsgeschichte zum beliebten Forschungsgebiet.

AUSWAHLBIBLIOGRAPHIE

Abkürzungen:

ATB	Altdeutsche Texbibliothek
DVjs.	Deutsche Vierteljahresschrift für Literatur und Geistesgeschichte
GAG	Göppinger Arbeiten zur Germanistik
GRM	Germanisch-Romanische Monatsschrift
PBB	Beiträge zur Geschichte der deutschen Sprache und Literatur (W)=Tübingen, (O)=Halle
ZfdA	Zeitschrift für deutsches Altertum und deutsche Literatur
ZfdPh	Zeitschrift für deutsche Philologie
WdF	Wege der Forschung

Ausgaben des Nibelungenliedes

Lachmann	*Der Nibelunge Noth und Die Klage: nach der ältesten Überlieferung mit Bezeichnung des Unechten und mit den Abweichungen der gemeinen Lesart*, Hg. Karl Lachmann. Berlin 1826.
Bartsch	*Der Nibelunge nôt, mit den Abweichungen von der Nibelunge liet, den Lesarten sämmtlicher Handschriften und einem Wörterbuch herausgegeben*, Hg. Karl Bartsch. Leipzig 1870, 1876, 1880.
Facsimile B	*Das Nibelungenlied und die Klage.* Handschrift B (Cod. Sangall. 857). Facsimile der Handschrift. Köln Graz 1962.
Engels	*Das Nibelungenlied: A Complete Transcription in Modern German Type of the Text of Manuscript C from the Fürstenberg Court Library, Donaueschingen*, Hg. Heinz Engels. London 1968.
Brackert	*Das Nibelungenlied. Mittelhochdeutscher Text und Übertragung.* Hg. und übers. Helmut Brackert (Fischer Bücherei 6038,6039). Frankfurt 1970, 1971.

Batts	*Das Nibelungenlied. Paralleldruck der Handschriften A, B und C nebst Lesarten der übrigen Handschriften.* Hg. Michael S. Batts. Tübingen, 1971.
Hennig	*Das Nibelungenlied nach der Handschrift C*, Hg. Ursula Hennig (ATB 83). Tübingen 1977.
Bartsch/ de Boor	*Das Nibelungenlied*, nach der Ausgabe von Karl Bartsch herausgegeben von Helmut de Boor. 22te Auflage betreut von Roswitha Wisniewski (Deutsche Klassiker des Mittelalters). Wiesbaden 1988.
Büschinger/ Spiewok	*Das Nibelungenlied.* Original (nach Hs. B) und Prosaübersetzung von Danielle Spiewok und Wolfgang Spiewok (WODAN 8). Amiens 1991.

Ausgaben anderer Dichtung des Mittelalters

Egils Saga. *Die Saga von Egil Skallagrimsson.* Hg. und übers. Kurt Schier (Saga. Bibliothek der altnordischen Literatur). München 1996.

Gottfried von Straßburg. *Tristan und Isold.* Ed. Friedrich Ranke. 10. Aufl. Berlin 1966.

Hartmann von Aue. *Iwein.* Hg. G.F. Benecke und Karl Lachmann. 7. Aufl. Berlin 1968.

Ortnit und die Wolfdietriche. Hg. Arthur Amelung und Oskar Jänicke. 2. Aufl. (*Deutsches Heldenbuch* 3, 4). Zürich 1968.

Das Rolandslied des Pfaffen Konrad. Hg. Karl Wesle. 3. Aufl. (Altdeutsche Texte für den akademischen Unterricht 3). Halle 1966.

Die Gedichte vom Rosengarten zu Worms, Hg. Georg Holz. Halle 1893.

Die Geschichte von Thidrek von Bern. Übers. Fine Erichsen (Sammlung Thule). Jena 1924.

Die Gedichte Walthers von der Vogelweide. Hg. Karl Lachmann. 13. Aufl. Von Carl von Kraus und Hugo Kuhn. Berlin 1965.

Wolfram von Eschenbach, *Die Lyrik Wolframs von Eschenbach.* Hg. Peter Wapnewski. München 1972.

----------, *Parzival.* Hg. Albert Leitzmann. 7. Aufl. (ATB 12) Tübingen 1961.

Bibliographien und Forschungsberichte

Abeling, Theodor, *Das Nibelungenlied und seine Literatur*, 1907, Neudruck, New York, 1970.

Beyschlag, Siegfried, "Das Nibelungenlied in gegenwärtiger Sicht", in: *Von germanisch-deutscher Heldensage* (WdF 14). Darmstadt, 1961, S. 214-247.

Hoffmann, Werner, *Das Nibelungenlied*. 6. Aufl. (Sammlung Metzler 7). Stuttgart 1992.

Überschlag, Doris, "Nibelungen-Bibliographie seit 1980," in: *Was sider da geschach. American-German Studies on the Nibelungenlied. Text and Reception. With Bibliography 1980-1990/91* (GAG 564). Göppingen 1992, S. 293-357.

Sekundärliteratur

Achauer, Heinz, *Minne im Nibelungenlied*. München 1967.

Althoff, Gerd, *Spielregeln der Politik im Mittelalter. Kommunikation in Frieden und Fehde*. Darmstadt 1997.

Andersson, Theodore M., *A Preface to the Nibelungenlied*. Stanford 1987.

----------, *The Legend of Brynhild*. Ithaca und London 1980.

----------., "Why Does Siegfried Die?", in: *Germanic Studies in Honor of Otto Springer*. Pittsburgh 1978, S. 29-39.

Appelt, Heinrich, *Privilegium minus: Das staufische Kaisertum und die Babenberger in Österreich*. Wien 1973.

Bäuml, Franz H., "Der Übergang mündlicher zur artes-bestimmten Literatur des Mittelalters. Gedanken und Bedenken", in: *Festschrift für Gerhard Eis*, 1970, S. 1-10.

----------, "Lesefähigkeit und Analphabetismus als rezeptions-bestimmende Elemente: Zur Problematik mittelalterlicher Epik", in: *Jahrbuch für Internationale Germanistik. Akten des V. Internationalen Germanisten-Kongresses*. Cambridge 1975, S. 10-16.

----------, "Medieval Literacy and Illiteracy: An Essay toward the Construction of a Model", in: *Germanic Studies in Honor of Otto Springer*. Pittsburgh 1978, S. 41-54 .

----------, "The Unmaking of the Hero: Some Critical Implications of the Transition from Oral to Written Epic", in: *The Epic in Medieval Society*. Tübingen 1977, S. 86-99.

----------, "Weiteres zur mündlichen Überlieferung des Nibelungenliedes", DVjs 46, S. 479-493.

----------, "Zum Verständnis mittelalterlicher Mitteilungen", in: *Hohenemser Studien zum Nibelungenlied*. Dornbirn 1981, S. 114-124.

---------- and Eva-Maria Fallone, *A Concordance to the Nibelungenlied*. Leeds 1976.

---------- and Edda Spielmann, "From Illiteracy to Literacy: Prolegomena to a study of the Nibelungenlied", Forum for Modern Language Studies 10, S. 248-259.

---------- and Donald J.Ward, "Zur mündlichen Überlieferung des Nibelungenliedes", DVjs 41, S. 351-390.

Becker, Peter Jörg, *Handschriften und Frühdrucke mittelhochdeutscher Epen*. Wiesbaden 1977.

Bekker, Hugo, *The Nibelungenlied: A Literary Analysis*. Toronto 1971.

Bertau, Karl H., "Epenrezitation im deutschen Mittelalter", Études Germaniques 20, S. 1-17.

---------- und Rudolf Stephan, "Zum sanglichen Vortrag mhd. strophischer Epen", ZfdA 87, S. 253-263.

Betz, Werner, "Plädoyer für C als Weg zum älteren Nibelungenlied", in: *Mediaevalia litteraria: Festschrift für Helmet de Boor zum 80. Geburtstag*. München 1971, S. 331-342.

Beyschlag, Siegfried, "Das Motiv der Macht bei Siegfrieds Tod", in: *Zur germanisch-deutschen Heldensage* (WdF 14). Darmstadt 1965, S. 195-213.

----------, "Das Nibelungenlied als aktuelle Dichtung seiner Zeit", GRM 48, S. 225-230.

----------, "Das Nibelungenlied in gegenwärtiger Sicht", in: *Zur germanisch-deutschen Heldensage* (WdF 14). Darmstadt 1965, S. 214-247.

----------, "Die Funktion der epischen Vorausdeutung im Aufbau des Nibelungenliedes", PBB (W) 76, S. 38-55.

----------, "Langzeilenmelodien", ZfdA 93, S. 157-176.

----------, "Überlieferung und Neuschöpfung: Erörtert an der Nibelungendichtung", Wirkendes Wort 8, S. 205-213.

Boor, Helmut de, *Die färöischen Lieder des Nibelungenzyklus* (Germanische Bibliothek 11, 12). Heidelberg 1918.

----------, "Die Literarische Stellung des Gedichtes vom Rosengarten zu Worms", PBB (W) 81, S. 371-391.

---------, "Hat Siegfried gelebt?", in: *Zur germanisch-deutschen Heldensage* (WdF 14). Darmstadt 1965, S. 31-51.

Borghart, Kees Hermann Rudi, *Das Nibelungenlied. Die Spuren mündlichen Ursprungs in schriftlicher Überlieferung* (Amsterdamer Publikationen zur Sprache und Literatur 31). Amsterdam 1977.

Borst, Arno, *Das Rittertum im Mittelalter* (WdF 349). Darmstadt 1976.

Bosl, Karl, *Die Gesellschaft in der Geschichte des Mittelalters*. Göttingen 1975.

---------, *Die Reichministerialität der Salier und Staufer*. Stuttgart 1950-51.

---------, *Frühformen der Gesellschaft im mittelalterlichen Europa*. München 1964.

---------, *Staat, Gesellschaft, Wirtschaft im deutschen Mittelalter*. München 1973.

Bowra, Cecil Maurice, *Heldendichtung*. Stuttgart 1964.

Brackert, Helmut, *Beiträge zur Handschriftenkritik des Nibelungenliedes*. Berlin 1963.

Brackert, Helmut, "Nibelungenlied und Nationalgedanke. Zur Geschichte einer deutschen Ideologie", in: *Mediaevalia litteraria: Festschrift für Helmet de Boor zum 80. Geburtstag*. München 1971, S. 343-364.

Brall, Helmut, "Zur sozialgeschichtlichen Interpretation mittelalterlicher Literatur: Anmerkungen zum Stand der Diskussion", LiLi: Zeitschrift für Literaturwissenschaft und Linguistik 7, S. 19-38.

Braune, Wilhelm, "Die Handschriftenverhältnisse des Nibelungenliedes", PBB 25, S. 1-222.

Brunner, Horst, "Epenmelodien", in: *Formen mittelalterlicher Dichtung. Siegfried Beyschlag zu seinem 65. Geburtstag* (GAG 25). Göppingen 1970, S. 149-168.

Bumke, Joachim, *Höfische Kultur. Literatur und Gesellschaft im hohen Mittelalter*. München 1986.

---------, *Ministerialität und Ritterdichtung. Umrisse der Forschung*. München 1976.

---------, *Studien zum Ritterbegriff im 12. und 13. Jahrhundert*. Heidelberg 1977.

---------, *Die vier Fassungen der 'Nibelungenklage'*. Berlin 1996.

Byock, Jesse, "Egill Skalla-Grímsson: The Dark FIgure as Survivor in an Icelandic Saga", in: *The Dark Figure in Medieval German and Germanic Literature* (GAG 448). Göppingen 1986, S. 151-163.

Campbell, Joseph, *The Hero with a Thousand Faces*. New York 1949.

Chadwick, Hector Munro and Nora Kershaw Chadwick, *The Growth of Literature*. Cambridge 1932-40.

Chaytor, Henry James, *From Script to Print. An Introduction to Medieval Vernacular Literature*. Cambridge 1945.

Cormeau, Christoph, *'Wigalois' und 'diu Crone'. Zwei Kapitel zur Gattungsgeschichte des nachklassischen Romans*. München 1977.

Crosby, Ruth, "Oral Delivery in the Middle Ages", Speculum 11, S. 88-110.

Culler, Jonathan, *Structuralist Poetics*. Ithaca (NY) 1975.

Curschmann, Michael, "Nibelungenlied und Nibelungenklage. Über Mündlichkeit und Schriftlichkeit im Prozeß der Episierung", in: *Deutsche Literatur im Mittelalter, Kontakte und Perspektiven*. Stuttgart 1979, S. 85-119.

---------, "Oral Poetry in Mediaeval English, French, and German Literature: Some notes on recent research", Speculum 42, S. 36-52.

Dickerson, Jr., Harold D., "Hagen: A Negative View", Semasia 2, S.43-59.

Djilas, Milovan, *Njegoš: Poet Prince Bishop*. New York 1966.

Dürrenmatt, Nelly, *Das Nibelungenlied im Kreis des höfischen Dichtung*, Bern 1945.

Ehrismann, Otfrid. *Nibelungenlied. Epoche-Werk-Wirkung*. München, 1987.

Engels, Odilo, *Die Staufer*. Stuttgart 1977.

Ernst, Ulrich and Neuser, Peter-Erich, *Die Genese der europäischen Endreimdichtung* (WdF 444). Darmstadt 1977.

Finnegan, Ruth, *Oral Poetry. Its Nature, Significance and Social Context*. Cambridge 1977.

Fleckenstein, Josef, "Friedrich Barbarossa und das Rittertum: Zur Bedeutung der grossen Mainzer Hoftage von 1184 und 1188", in: *Festschrift für Hermann Hempel zum 70. Geburtstag*. Göttingen 1972, S. 1023-1041.

Fromm, Hans, "Das Nibelungenlied und seine literarische Umwelt"., in: *Pöchlarner Heldenliedgespräch. Das Nibelungenlied und der mittlere Donauraum*. Wien 1990, S. 3-19.

---------, "Der oder die Dichter des Nibelungenliedes", in: *Colloquio italo-germanico sul tema: i Nibelunghi* (Atti dei convegni lincei). Rom 1974, S. 63-77.

---------, "Doppelweg", in: *Werk-Typ-Situation: Studien zu poetologischen Bedingungen in der älteren deutschen Literatur: Hugo Kuhn zum 60. Geburtstag*. Stuttgart 1969, S. 64-79.

Fry, Donald K., "The Memory of Caedmon", in: *Oral Traditional Literature. A Festschrift for Albert Bates Lord*. Columbus (OH) 1980, S. 282-293.

Fuss, Klaus, *Die färöischen Lieder der Nibelungensage* (GAG 427, 428). Göppingen 1985.

Gadamer, Hans Georg, *Wahrheit und Methode*. Tübingen 1960.

Gentry, Francis G, *Triuwe and Vriunt in the Nibelungenlied*. Amsterdam 1975.

Glaser, Hubert, *Die Zeit der frühen Herzöge* (Wittelsbach und Bayern I/1). München 1980.

Göhler, Peter, *Das Nibelungenlied. Erzählweise, Figuren, Weltanschauung, literaturgeschichtliches Vorfeld*. Berlin 1989.

Goody, Jack and Watt, Ian, "The Consequences of Literacy", Comparative Studies in Society and History 5, S. 304-345.

Grimm, Wilhelm, *Die deutsche Heldensage*. Darmstadt 1957.

Guillén, Claudio, *Literature as System. Essays Toward the Theory of Literary History*. Princeton 1971.

Haug, Walter, "Andreas Heuslers Heldensagenmodell: Prämissen, Kritik und Gegenentwurf", ZfdA 104, S. 273-292.

---------, "Höfische Idealität und heroische Tradition im Nibelungenlied", in: *Colloquio italo-germanico sul tema: I Nibelunghi*, Rome 1974, S. 35-50.

---------, "Montage und Individualität im Nibelungenlied", in: *Nibelungenlied und Klage: Sage und Geschichte, Struktur und Gattung: Passauer Nibelungengespräche 1985*. Heidelberg 1987, S. 277-293.

Havelock, Eric A., *A Preface to Plato*. Cambridge (MA) 1963.

Haymes, Edward R., *A Bibliography of Studies relating to Parry's and Lord's Oral Theory* (Publications of the Milman Parry Collection: Documentation and Planning Series 1). Cambridge (MA) 1973.

---------, "A Rhetorical Reading of the "Hortforderungsszene" in the Nibelungenlied", in: *Was sider da geschach. American-German Studies on the Nibelungenlied. Text and Reception. With Bibliography 1980-1990/91* (GAG 564). Göppingen 1992, S. 81-88.

---------, "Chevalerie und alte maeren: Zum Gattungshorizont des Nibelungenliedes", GRM 34, S. 369-384.

---------, *Das mündliche Epos. Eine Einführung in die oral poetry Forschung* (Sammlung Metzler 151). Stuttgart 1977.

---------, "Dietrich von Bern im Nibelungenlied", ZfdA 114, S. 159-165.

---------, "Formulaic Density and Bishop Njegoš", Comparative Literature 32, S. 390-401.

---------, "Hagen the Hero", Southern Folklore Quarterly 43, S. 149-155.

---------, *Mündliches Epos in mittelhochdeutscher Zeit* (GAG 164). Göppingen 1975.

---------, "Oral Composition in Middle High German Epic Poetry", in: *Oral Traditional Literature. A Festschrift for Albert B. Lord*. Columbus (OH) 1980, S. 341-346.

---------, "Oral Poetry and the Germanic Heldenlied", Rice University Studies 62, S. 47-54.

---------, *The Nibelungenlied. History and Interpretation* (Illinois Medieval Monographs 2). Urbana (IL) 1986.

---------, "The Oral Theme of Arrival in the *Nibelungenlied*", Colloquia Germanica (1975) S. 155-166.

---------, and Susann T. Samples, *Heroic Legends of the North. An Introduction to the Nibelung and Dietrich Cycles* (Garland Reference Library of the Humanities 1403). New York 1996.

Heger, Hedwig, *Das Lebenszeugnis Walthers von der Vogelweide. Die Reiserechnungen des Passauer Bischofs Wolfger von Erla*. Wien 1970.

Heinzle, Joachim, *Das Nibelungenlied: eine Einführung* (Artemis Einführungen 35). München 1987.

---------, "Gnade für Hagen? Die epische Struktur des Nibelungenliedes und ds Dilemma des Interpreten", in: *Nibelungenlied und Klage. Sage und Geschichte, Struktur und Gattung. Passauer Nibelungengespräche 1985*. Heidelberg 1987, S. 257-276.

---------, *Mittelhochdeutsche Dietrichepik: Untersuchungen zur Tradierungsweise, Überlieferungskritik und Gattungsgeschichte später Heldendichtung* (Münchener Texte und Untersuchungen zur deutschen Literatur des Mittelalters 62). München 1978.

Hernadi, Paul, *Beyond Genre. New Directions in Literary Classification*. Ithaca, NY 1972.

Heusler, Andreas, *Deutsche Versgeschichte* (Grundriss der germanischen Philologie 8). 2te Auflage, Berlin 1956.

---------, *Lied und Epos in germanischer Sagendichtung*. Darmstadt 1905.

---------, *Nibelungensage und Nibelungenlied*. Dortmund 1920.

Heuwieser, M., "Passau und das Nibelungenlied", Zeitschrift für bayerische Landesgeschichte 14, S. 5-62.

Hirsch, E. D., *Validity in Interpretation*. New Haven 1967.

Hoffmann, Werner, "Das Nibelungenlied in der Literaturgeschichtsschreibung von Gervinus bis Bertau", in: *Hohenemser Studien zum Nibelungenlied*. Dornbirn 1981, S. 19-37.

---------, *Das Nibelungenlied. Interpretation* (Interpretationen zum Deutschunterricht). München 1974.

---------, *Mittelhochdeutsche Heldendichtung* (Grundlagen der Germanistik 14). Berlin 1974.

Ihlenburg, Karl Heinz, *Das Nibelungenlied. Problem und Gehalt*. Berlin 1969.

Jaeger, C. Stephen, "The Nibelungen Poet and the Clerical Rebellion against courtesy", in: *Spectrum Medii Aevi. Essays in Early German Literature in honor of George Fenwick Jones* (GAG 362). Göppingen 1983, S. 177-205.

----------, *The Origins of Courtliness. Civilizing Trends and The Formation of Courtly Ideals 939-1210*. Philadelphia 1985.

Jakobson, Roman, "Linguistik und Poetik", in: *Strukturalismus in der Literaturwissenschaft*. Köln 1972, S. 118-147.

Jauß, Hans Robert, *Alterität und Modernität der mittelalterlichen Literatur*. München 1977.

---------, *Literaturgeschichte als Provokation* (edition suhrkamp 418). Frankfurt 1970.

Jordan, Karl, *Investiturstreit und frühe Stauferzeit* (Gebhardt Handbuch der deutschen Geschichte 4). München 1973.

Kaiser, Gert, "Deutsche Heldenepik", in: *Europäisches Hochmittelalter*. Wiesbaden 1981, S. 181-216.

----------, *Textauslegung und gesellschaftliche Selbstdeutung. Die Artusromane Hartmanns von Aue*. Wiesbaden 1978.

Kartschoke, Dieter, *Geschichte der deutschen Literatur im frühen Mittelalter* (dtv 4551). München 1990.

Knapp, Fritz Peter, "Nibelungentreue wider Babenberg? Das Heldenepos und die verfassungsgeschichtliche Entwicklung Österreichs im Lichte der neuesten Forschung", PBB (W) 107, S. 174-189.

Kralik, Dietrich von, "Passau im Nibelungenlied", Anzeiger der phil.-hist. Klasse der Österreichischen Akademie der Wissenschaften 1950, S. 451-470.

Kolk, Rainer, *Berlin oder Leipzig? Eine Studie zur sozialen Organisation der Germanistik im 'Nibelungenstreit'*. Tübingen 1990.

Lachmann, Karl, *Über die ursprüngliche Gestalt des Gedichts von der Nibelunge Noth*. Berlin 1816.

Linge, David E., "Editor's Introduction", in: Hans Georg Gadamer, *Philosophical Hermeneutics*. Berkeley 1976.

Lönnroth, Lars, *Njal's Saga. A Critical Introduction*. Berkeley 1976.

Lord, Albert B., "Avdo Međedovic, Guslar", Journal of American Folklore 69, S. 318-330.

---------, *Der Sänger erzählt. Wie ein Epos entsteht*. München 1965.

---------, "Perspectives on Recent Work on Oral Literature", Forum for Modern Language Studies 10, S. 187-210.

Međedovic, Avdo, *The Wedding of Smailagić Meho*, Hg. und übers. Albert B. Lord (Serbocroatian Heroic Songs 3, 4) Cambridge, MA 1974.

Metzner, Ernst Erich, *Zur frühesten Geschichte der europäischen Balladendichtung. Der Tanz in Kölbigk. Legendarische Nachrichten - Gesellschaftlicher Hintergrund - Historische Voraussetzungen*. Frankfurt 1972.

Müller, Jan-Dirk, "Das Nibelungenlied", in: *Mittelhochdeutsche Romane und Heldenepen*. Stuttgart 146-172.

---------, "Motivationsstrukturen und personale Identität im Nibelungenlied, Zur Gattungsdiskussion um 'Epos' oder 'Roman'", in: *Nibelungenlied und Klage. Sage und Geschichte, Struktur und Gattung. Passauer Nibelungengespräche 1985*. Heidelberg 1987, S. 221-256.

---------, "SÎVRIT: künec-man-eigenholt. Zur sozialen Problematik des Nibelungenliedes", Amsterdamer Beiträge zur Älteren Germanistik 7, S. 85-139.

Nagel, Bert, "Das Dietrichbild des Nibelungenliedes I. Teil", ZdPh 78, S. 258-268.

----------, "Das Dietrichbild des Nibelungenliedes II. Teil", ZdPh 79, S. 28-57.

----------, *Das Nibelungenlied. Stoff--Form—Ethos*. Frankfurt 1965.

Naumann, Bernd, *Dichter und Publikum in deutscher und lateinischer Bibelepik des frühen 12. Jahrhunderts* (Erlanger Beiträge 30). Nürnberg 1968.

Neumann, Friedrich, *Das Nibelungenlied in seiner Zeit* (Kleine Vandenhoeck Reihe 253). Göttingen 1967.

---------, "Hohe Minne", in: *Der deutsche Minnesang. Aufsätze zu seiner Erforschung* (WdF 15). Darmstadt 1969, S. 180-196.

---------, "Schichten der Ethik im Nibelungenlied", in: *Festschrift Eugen Mogk zum 70. Geburtstag*. Halle 1924, S. 119-145.

Northcott, Kenneth, "Verhalten und Ansehen im Nibelungenlied", in: *Nibelungenlied und Kudrun* (WdF 54). Darmstadt 1976, S. 311-321.

Ong, Walter J., *Orality and Literacy: The Technologizing of the Word* (New Accents). London 1988.

Panzer, Friedrich, *Das Nibelungenlied. Entstehung und Gestalt*. Stuttgart und Köln 1955.

Pároli, Teresa, *Sull' elemento formulare nella poesia germanica antica* (Biblioteca de ricerche linguistiche e filologiche 4). Rome 1975.

Parry, Milman, *The Making of Homeric Verse*. Oxford 1971.

Peters, Ursula, "Artusroman und Fürstenhof: Darstellung und Kritik neuerer sozialgeschichtlicher Untersuchungen zu Hartmanns 'Erec'", Euphorion 69, S. 175-196.

Reichert, Hermann, *Nibelungenlied und Nibelungensage*. Wien 1985.

Reuter, Hans Georg, *Die Lehre vom Ritterstand. zum Ritterbegriff in Historiographie und Dichtung vom 11. bis zum 13. Jahrhundert*. Köln 1975.

Rupp, Heinz, "Heldendichtung als Gattung der deutschen Literatur des 13. Jahrhunderts", in: *Festschrift für Kurt Wagner*. Gießen 1960, S. 9-25.

Saran, Franz, *Das Übersetzen aus dem Mittelhochdeutschen*. Halle 1930.

Saville, Jonathan, *The Medieval Erotic Alba. Structure as Meaning*. New York 1972.

Schröder, Werner, *Nibelungenlied-Studien*. Stuttgart 1968.

Schupp, Volker, "Kritische Anmerkungen zur Rezeption des deutschen Artusroman anhand von Hartmanns 'Iwein': Theorie -

Text - Bildmaterial", *Frühmittelalterliche Studien* 9, S. 405-442.

Schwarz, Alexander, Angelika Linke, Paul Michel, and Gerhild Scholz Williams, *Alte Texte Lesen* (UTB 1482). Bern 1988.

Splett, Jochen, *Rüdiger von Bechelaren. Studien zum zweiten Teil des Nibelungenliedes.* Heidelberg 1968.

Stein, Peter K., "Dietrich von Bern im Nibelungenlied: Bemerkungen zur Frage der 'historisch-zeitgeschichtlichen' Betrachtung hochmittelalterlicher Erzähldichtung am Beispiel des Nibelungenliedes" *Nibelungenlied und Klage. Sage und Geschichte, Struktur und Gattung. Passauer Nibelungengespräche 1985.* Heidelberg 1987.

Stout, Jacob, *Und ouch Hagene.* Groningen 1963.

Thelen, Lynn D., "Hagen's Shields: The 37th Âventiure Revisited", JEGP 96, S. 385-402.

Thomas, Heinz, "Die Staufer im Nibelungenlied", ZfdPh 109, S. 321-354.

Thum, Bernd, "Politische Probleme der Stauferzeit im Werk Hartmanns von Aue: Landesherrschaft im 'Iwein' und 'Erec' Mit einem Anhang: Hartmann von Aue, Augia Minor und die Altdorfer Welfen", in: *Stauferzeit. Geschichte Literatur Kunst.* Stuttgart 1978, S. 47-70.

van Winter, Johanna Maria, *Rittertum. Ideal und Wirklichkeit* (dtv 4325). München 1979.

Wachinger, Burghart, *Studien zum Nibelungenlied. Vorausdeutungen, Aufbau, Motivierung*, Tübingen 1960.

Wapnewski, Peter, "Rüdigers Schild: Zur 37. Aventiure des Nibelungenliedes", in: *Nibelungenlied und Kudrun* (WdF 54). Darmstadt 1976, S. 134-178.

Wattenbach, Wilhelm, *Das Schriftwesen im Mittelalter.* Leipzig 1896.

Weber, Gottfried, *Das Nibelungenlied. Problem und Idee.* Stuttgart 1963.

Wellek, René and Austin Warren, *Theorie der Literatur.* München 1995.

Wolf, Alois, "Die Verschriftlichung der Nibelungensage und die französisch-deutschen Literaturbeziehungen im Mittelalter", in: *Hohenemser Studien zum Nibelungenlied.* Dornbirn 1981, S. 53-71.

PERSONENREGISTER

Abeling, Theodor, 170; 174; 179
Achauer, Heinz, 162; 179
Althoff, Gerd, 151; 166; 179
Andersson, Theodore M., 93; 94; 163; 164; 174; 179
Appelt, Heinrich, 157; 179
Bartsch, Karl, 61; 167; 171; 172; 173; 177; 178
Batts, Michael, 121; 159; 167; 168; 169; 172; 178
Bäuml, Franz H., 159; 161; 165; 179
Becker, Peter Jörg, 158; 167; 180
Bekker, Hugo, 86; 87; 157; 163; 164; 165; 180
Bertau, Karl H., 160; 180; 185
Betz, Werner, 168; 180
Beyschlag, Siegfried, 66; 155; 156; 160; 161; 163; 166; 170; 176; 179; 180; 181
Boor, Helmut de, 61; 105; 159; 165; 167; 172; 173; 175; 178; 180; 181
Borghart, K.H.R., 159; 161; 181
Borst, Arno, 158
Bosl, Karl, 157; 158; 181
Bowra, Cecil Maurice, 159; 181
Brackert, Helmut, 172; 177; 178; 181
Brall, Helmut, 158; 181
Braune, Wilhelm, 172; 181
Brecht. Bertolt, 40
Brunner, Horst, 160; 181
Bumke, Joachim, 27; 28; 29; 158; 159; 172; 173; 181
Byock, Jesse, 164; 182
Campbell, Joseph, 101; 102; 103; 164; 182
Chaytor, Henry James, 158; 182
Corneau, Christoph, 161; 182
Croce, Benedetto, 54; 161
Crosby, Ruth, 158; 182
Culler, Jonathan, 53; 55; 57; 62; 161; 182
Curschmann, Michael, 159; 160; 161; 182
de Boor, Helmut, 61; 105; 159; 165; 167; 172; 173; 175; 178; 180; 181
Dickerson, Harold D., 164; 182
Djilas, Milovan, 49; 160; 182
Dürrenmatt, Nelly, 163; 165; 175; 182
Ehrismann, Otfrid, 182
Engels, Heinz, 172; 177
Engels, Odilo, 157; 166; 182
Finnegan, Ruth, 53; 159; 182
Fleckenstein, Josef, 24; 158; 182
Fromm, Hans, 161; 175; 183
Fry, Donald K., 49; 161; 183
Fuss, Klaus, 159; 183
Gadamer, Hans Georg, 15; 16; 157; 183; 186

Gentry, Francis G., 183
Glaser, Hubert, 158; 183
Göhler, Peter, 159; 162; 183
Goody, Jack, 38; 125; 159; 165; 183
Grimm, Wilhelm, 42; 121; 173; 183
Guillén, Claudio, 54; 57; 161; 183
Haug, Walter, 157; 160; 161; 162; 174; 183
Havelock, Eric A., 36; 42; 159; 183
Haymes, Edward, 159; 160; 161; 164; 174; 176; 183
Heger, Hedwig, 158; 166; 184
Heinzle, Joachim, 123; 160; 165; 166; 174; 175; 184
Hennig, Ursula, 178
Hernadi, Paul, 161; 185
Heusler, Andreas, 44; 45; 46; 92; 94; 97; 159; 160; 164; 173; 174; 183; 185
Heuwieser, M., 166; 185
Hirsch, E.D., 57; 161; 185
Hoffmann, Werner, 160; 170; 176; 179; 185
Ihlenburg, Karl Heinz, 115; 142; 163; 166; 175; 176; 185
Jaeger, C. Stephen, 25; 87; 185
Jakobson, Roman, 157; 185
Jauß, Hans Robert, 13; 14; 16; 17; 157; 185
John Wayne, 40
Jordan, Karl, 157; 185
Jung, C.G., 164
Kaiser, Gert, 28; 29; 158; 162; 176

Kartschoke, Dieter, 160; 186
Knapp, Fritz Peter, 186
Kolk, Rainer, 170; 186
Kralik, Dietrich, 166; 174; 186
Krogmann, Willy, 159; 167; 170
Lachmann, Karl, 167; 171; 172; 173; 177; 178; 186
Linge, David E., 157; 186
Lönnroth, Lars, 164; 186
Lord, Albert B., 37; 45; 46; 47; 49; 63; 126; 158; 159; 160; 161; 165; 183; 184; 186
Mergell, Bodo, 175
Metzner, Ernst Erich, 159; 186
Müller, Jan-Dirk, 163; 176; 186
Nagel, Bert, 157; 162; 166; 175; 186
Naumann, Bernd, 158; 187
Neumann, Friedrich, 154; 162; 166; 174; 175; 187
Northcott, Kenneth, 165; 187
Ong, Walter J., 159; 165; 187
Panzer, Friedrich, 94; 162; 164; 166; 175; 187
Pároli, Teresa, 161; 187
Parry, Milman, 37; 38; 39; 45; 46; 47; 49; 107; 126; 158; 159; 183; 187
Peters, Ursula, 158; 187
Pretzel, Ulrich, 159; 167; 170
Reichert, Hermann, 187
Reuter, Hans Georg, 158; 187
Rupp, Heinz, 176; 187
Saran, Franz, 157; 187
Saville, Jonathan, 161; 187

Schier, 106; 178
Scholz, Manfred, 158; 188
Schröder, Werner, 124; 157; 164; 165; 175; 187
Schupp, Volker, 158; 162; 187
Schwarz, Alexander, 21; 157; 188
Splett, Jochen, 166; 188
Stein, Peter K., 188
Stout, Jacob, 164; 188
Taylor, Archer, 100; 164
Thelen, Lynn, 166; 188
Thum, Bernd, 158; 188
Überschlag, Doris, 170; 176; 179
van Winter, Johanna Maria, 158; 188
Wachinger, Burghart, 161; 188
Wapnewski, Peter, 55; 161; 166; 178; 188
Warren, Austin, 157; 188
Watt, Ian, 125; 158; 159; 165; 183; 188
Wattenbach, Wilhelm, 158; 188
Weber, Gottfried, 157; 166; 175; 188
Wellek, René, 157; 188
Wisniewski, Roswitha, 172; 173; 174; 178
Wolf, Alois, 188